刑事と民事

こっそり知りたい裁判・法律の超基礎知識

元榮太一郎

幻冬舎新書

086

刑事と民事／目次

# 第一章
# 刑事と民事は何が違うのか

## キムタクの『HERO』は「刑事ドラマ」？

テレビの世界では、いつの時代も「刑事ドラマ」が人気を博してきた。古くは『七人の刑事』『太陽にほえろ！』『西部警察』『あぶない刑事』から、近年の『古畑任三郎』『踊る大捜査線』『HERO』にいたるまで、ヒット作は枚挙にいとまがない。法律や裁判とは縁のない生活を送っていても、犯罪を扱った物語には多くの人々が興味や関心を持っているということだろう。

さて、ふだんテレビドラマをよく見ている人のなかには、いま列挙した「刑事ドラマ」のタイトルを見て首を傾げた向きもあるだろうと思う。ひとつだけ、主人公が「刑事」ではない作品が含まれているからだ。木村拓哉主演の『HERO』である。

このドラマでキムタクが演じた役は、「刑事」ではなく「検事」だった。したがって、これは「刑事ドラマ」ではなく、あえていうなら「検事ドラマ」ではないのか？　そう思われたとしても無理はない。

しかし、われわれ法曹関係者から見れば、『HERO』は間違いなく「刑事ドラマ」である。検事が主役でも、刑事ドラマは成り立つのだ。おかしなことを言っていると思われそうだが、言葉の正しい意味を考えればそういうことになる。

というのも、「刑事」とは本来、私服警官を指す言葉ではなかった。少なくとも、正式な職名ではない。犯罪捜査を担当する私服警官の法律上の職名は、「巡査」もしくは「巡査部長」である。「巡査」というと、一般的には制服を着た「お巡りさん」のイメージがあるが、正式には、ジーパン刑事も古畑任三郎も湾岸署の青島も、みんな巡査なのだ。

その「私服を着た巡査」が「刑事」という通称で呼ばれているのは、彼らが警察組織の中で「刑事係」に所属しているためである。制服警官と区別するために、「刑事係巡査」を略して「刑事」と呼ぶようになったわけだ。

では、その刑事係の「刑事」とは何か。

簡単に言うなら、これは「刑罰法規の適用を受けるべき事柄」のことである。それを略して「刑・事」なのだと思えばいいだろう。日本語には「家事」「雑事」「情事」「軍事」「日常茶飯事」など「事」のつく言葉がいろいろあるが、「刑事」もそのひとつだということだ。つまり「刑事係巡査」を「刑事さん」と呼ぶのは、「家事手伝い」の女性を「家事さん」と呼ぶのと同じようなものだということになるだろうか。

それはともかく、法律の中には、違反すると罰金や懲役などの刑罰を科せられるものがいくつもある。その適用を受けるべき事件が「刑事事件」であり、その犯罪（刑事犯）を裁く舞台が「刑事裁判」ということになるわけだ。

警察の「刑事係」も、「刑罰法規の適用を受けるべき事件を取り扱う係」という意味である。「だったら警察官はみんな刑事係ではないか」と思うかもしれないが、そんなことはない。たしかに警察活動の大部分は刑事が占めているが、それ以外にも、社会の秩序や国民の安全などを守るための職務がある。たとえば「お巡りさん」のパトロールや機動隊の警備活動、ＳＰによる要人警護などがそうだ。そういう職務と区別するために、「刑事係」というセクションが設けられているのである。

## 検察官の仕事はすべて「刑事」がらみ

そして、「刑事」を扱う公務員は警察官だけではない。『ＨＥＲＯ』でキムタクが演じた検事（検察官）は、まさに「刑事専門」の職業だ。

警察と検察の区別がついていない人も少なくないので、ここでその役割を簡単に説明しておこう。身分は、警察官が国家公務員や地方公務員で、検察官は国家公務員。警察と検察は、まったくの別組織だということだ。警察が検察の下部組織ということではない。

どちらも犯罪の捜査権を持っているが、刑事事件が発生したときに捜査を行って犯人を逮捕するのは、主に警察の仕事である。検察が独自に捜査を行うのは、汚職事件や悪質な経済事犯など、ごく一部にすぎない。

鈴木宗男議員の収賄事件や堀江貴文氏のライブドア事件など、地検特捜部による捜査がしばしば「国策捜査」などと呼ばれるとおり、検察が独自に動く場合は、そこに高度な国家意志が働いていると見ることもできるだろう。少なくとも、通常の殺人事件や強盗事件が起きたときに検察に通報しても、検察官が捜査に乗り出してくることはない。検察官が刑事事件に関わるのは、基本的に、警察が犯人を逮捕した後の話である。

逮捕・起訴された犯人は刑事裁判にかけられることになるが、警察は被疑者（マスコミ用語では「容疑者」）を起訴することができない。その権限を持っているのは、検察官だけだ。したがって警察は、逮捕から四八時間以内に被疑者を検察に送ることになっている。

この場合、被疑者本人を検察に送ることを「身柄送検」、本人は在宅のまま捜査資料などの書類だけを送ることを「書類送検」という。書類送検の場合は、被疑者が逃亡や証拠隠滅を図るおそれがないと判断しているわけだ。

検察官は、送検された事件を改めて取り調べ、被疑者の供述調書などを取った上で、その処分を決める。警察から送られた事件が、すべて裁判にかけられるわけではない。被疑者に責任能力がない、公判を維持できるだけの証拠が揃っていない、罪状が軽微などさまざまな理由で、不起訴処分や起訴猶予処分にすることもある。検事が「裁判にかける必要がある」と判断した事件だけが、起訴される（ちなみに被疑者はその段階で呼び方が「被告人」に変わる）のだ。殺人事件などの裁判で被告人の精神鑑定が行われ、「心神喪失」と判断されて無罪判決が出ることがあるが、起訴前鑑定で検事がその判断を下して不起訴にするケースも多いのである。

もちろん、起訴した時点で検事の仕事が終わるわけではない。公判で証拠をもとに被告人の罪状を明らかにし、どのような刑罰を下すべきかについての意見を裁判官に対して陳述する（求刑する）のも、彼らの重要な役割だ。そして裁判官は、検事の求刑と弁護人の主張を踏まえて、最終的な判決を言い渡すのである。

こうして見てくれれば、検事の仕事が最初から最後まで「刑事」に関わるものだということがわかるだろう。厳密にいえばごくわずかな例外はあるものの、ある意味で、検事は全員が「刑事係」だといってもいい。刑事係以外のセクションがある警察よりも、その職務は「刑事度」が高いわけだ。だからキムタク検事が活躍する『ＨＥＲＯ』は、「刑事に関わるテーマを扱うドラマ」という意味で、「刑事ドラマ」と呼ぶことができるのである。

## 弁護士ドラマは必ずしも「刑事ドラマ」ではない

ところでテレビドラマの中には、われわれ弁護士を主人公にした作品もある。正義感に溢れる弁護士が刑事裁判の法廷で大活躍し、検事の提出した証拠を覆して、無実の罪で捕まった被告人の冤罪《えんざい》を晴らす……といったストーリーも少なくない。つまり、そこでは「刑事」の世界が描かれているわけだ。ということは、「弁護士ドラマ」もまた「刑事ドラマ」の一種と呼ぶことができるのだろうか。

しかし結論からいえば、答えはノーである。弁護士が主人公だからといって、それだけで「刑事ドラマ」になるとはかぎらない。

もし、それが刑事事件だけを専門に扱う弁護士の物語であるなら、『HERO』と同じ理由で「刑事ドラマ」だといえるだろう。しかし検事と違って、弁護士の仕事はすべて「刑事」というわけではない。その守備範囲は、もっと広いのである。

たとえば、終章で詳しく説明するが（一七四ページ参照）、最高裁判決でいわゆる「グレーゾーン金利」が「クロ」と判断されたため、消費者金融会社などに対して借り手が取られすぎた利子を返してほしいと訴えている「過払い金」をめぐる案件も、「刑事」ではない。先ほど述べたとおり、「刑事事件」とは法律違反を犯した者が刑罰を科せられるような事件のことだ。しかし、最高裁判決が消費者金融会社などに科したのは「刑罰」ではない。

たしかに、消費者金融が利用者から利息制限法の上限を超える金利を取ることに関しては「違法」という判断が下された。法律を破った以上、消費者金融が何か刑罰を受けたに違いないと思っている人もいるだろう。

だが、違法行為に必ず刑罰が伴うとはかぎらない。前に、「法律の中には、違反すると刑罰を科せられるものがある」という話をしたが、これは取りも直さず、「違反しても刑罰を科せられない法律もある」ということだ。

事実、過払い金訴訟では、消費者金融の経営者や従業員が懲役刑や禁固刑を科せられて刑務所に送り込まれたわけではない。法律の定めた刑罰には罰金や科料といったものもあるが、判決が消費者金融に命じた支払いはそれとも違う。刑罰としての罰金や科料というのは、被害者に対して支払われるものではなく、国庫に納められるものだ。しかし最高裁が消費者金融に命じたのは、「取りすぎたお金を、払った人に返しなさい」ということだった。国庫には一銭も入らないのである。

違法行為があったにもかかわらず刑罰が科せられていないのだから、これは「刑事裁判」ではない。ならば「何事」かといえば、こういう裁判を「民事裁判」という。弁護士は刑事裁判だけでなく、民事裁判でも当事者の代理人を務めるわけだ。だから、弁護士ドラマは必ずしも「刑事ドラマ」にはならないのである。

## 刑事は「国家対民間人」、民事は「民間人対民間人」

テレビドラマのことはさておき、裁判に「刑事」と「民事」の二種類があるというのは、法律の世界を理解する上でもっとも基本的な知識だといえるだろう。おそらく、小学生に「刑事の反対語は何ですか？」という問題を出したら、十中八九「犯人！」という答えが返ってくると思うが、少なくとも法的な意味においては、「刑事」の対立概念は「犯人」ではなく「民事」だ。

実際、この両者はいろいろな点で違いがある。

たとえば刑事裁判では、弁護士は被告人側にしかつかない（一部の例外はある）。「検事対弁護士」というのが、法廷での基本的な図式だ。一方の民事裁判は、訴えた側と訴えられた側がどちらも代理人として弁護士をつけることができる。弁護士同士の腕比べのようなものだ。そこに検事の出番はない。例外として、後述する国家賠償請求訴訟では、検事が国側の代理人として関与することはある。検事が被疑者を訴えられるのは、刑事事件に限られているからである。

民事裁判の場合、被告を裁判所に訴えるのは、検事ではなく「原告」だ。そして、原告には誰でもなることができる。この本を読んでいるあなたも、よほど特別な事情がないかぎり、何か争いごとがあれば原告として誰かを訴えることができる。また、民事の場合は「本人訴訟」も認められているので、必ず弁護士を立てなければいけないというわけでもない（刑事裁判は法定刑が懲役三年以上の刑に該当するものなら必ず被告人に弁護人がつく）。同じ裁判でも、刑事と民事では参加するプレーヤーからして違うのである。

では、なぜ裁判にこの二種類があるのか。それは、われわれ国民が果たすべき「法的責任」が一種類ではないからだ。「刑事上の責任」と「民事上の責任」とでは、その中身が大きく異なる。

刑事裁判は、検察官がいわば「国家の代理人」として、「個人」（時には「法人」も）の刑事的な責任を追及するための場である。責任という言葉にも幅広い意味があるが、法的な責任を取るというのは、すなわち「しでかした違法行為に落とし前をつける」ということだと思えばいい。刑事の場合は、刑罰を受けることがその「落とし前」になるわけだ。

そして、犯罪者に刑罰を科す権力は、国家が一手に握っている。被害者に、加害者を罰する権利はない。だから刑事裁判では、「国（官）と民間人」が対立関係になる。

それに対して、「民間人と民間人」が対立するのが民事裁判である。国家を後ろ盾にした「官」ではなく、「民」同士が争う事柄だから「民事」というわけだ。言うまでもないだろうが、そこで原告や被告になるのは個人だけではない。過払い金訴訟では消費者金融会社が被告になっていたように、企業をはじめとする法人が当事者になることもある。

すでに述べたとおり、民事裁判の目的は、違法行為をした被告に刑罰を科すことではない。私人間の権利や義務にまつわる紛争を解決するのが、その目的だ。原告が、失われた権利の回復や義務の履行などを被告に求め、被告側も自分の権利や相手の義務を主張する。それが民事訴訟の基本的な図式である。そうやってお互いの言い分を戦わせた上で、裁判所がその勝ち負けを決めるわけだ。

その「落とし前」のつけ方は訴訟の内容によってさまざまだが、民事上の責任は、大半が「金銭」を払う（もしくは金銭に換算できる権利や財産などを渡す）ことで果たされる。過払い金や借金などの返還はもちろんそうだし、離婚訴訟なら慰謝料や財産分与の金額が争点になることが多い。

また、事故や犯罪の被害を受けた場合も、損害をもたらした相手に賠償金を請求することになる。先ほど「被害者に加害者を罰する権利はない」と書いたが、刑事裁判を通じて相手の処罰を求める方法は検察官に委ねる以外にないものの、民事裁判で同じ事件の犯人を訴えることはできるわけだ。

ただし民事訴訟で勝ったからといって、家族を殺した犯人に仇討ちをすることはできない。受けた被害を金銭に換算して、加害者に請求するしかないのである。

## 刑事法と民事法

落とし前のつけ方が違う以上、刑事と民事では適用される法律が異なることは言うまでもないだろう。同じ法律の条文に違反しているのに、刑事裁判では懲役が科せられ、民事裁判では賠償金の支払いが命じられるということはない。殺人犯を被害者の遺族が民事で提訴した場合も、そこで適用される法律は刑事裁判とは別物だ。

しかし、裁判に刑事と民事の二種類があることを知っている人でも、それぞれに適用される法律については、あまり正確に理解していないだろうと思う。おそらく、「刑事裁判には刑法、民事裁判には民法が適用される」と思っている人が多いはずだ。

これは決して間違ってはいないが、完全な正解でもない。当たらずといえども遠からず、といったところだろうか。たしかに、刑法は刑事裁判に適用されるし、民法は民事裁判に適用される。だが、それぞれの裁判で適用される法律はそれだけではない。

そのことは、刑事訴訟法と民事訴訟法がいずれも刑法や民法とは別に定められていることを見てもわかる。これは、刑事と民事それぞれの訴訟にまつわる手続きなどを定めた法律だ。もし刑法と民法以外に適用される法律がないのであれば、どちらも別個に制定する必要はないだろう。刑法や民法の中に、訴訟手続きに関する条文を入れておけば済む。そうなっていないのは、刑法と民法のほかにも裁判で適用される法律があるからだ。つまり、刑法と民法がカバーする領域よりも、刑事訴訟法と民事訴訟法がカバーする領域のほうが広いのである。

一般の人々が、刑事といえば刑法、民事といえば民法だけだと思ってしまうのは、それが「刑事法」や「民事法」の略称のように見えることも一つの原因だと思う。しかし刑法も民法も略称ではなく、それが正式な法律名だ。

図1　刑事法と民事法

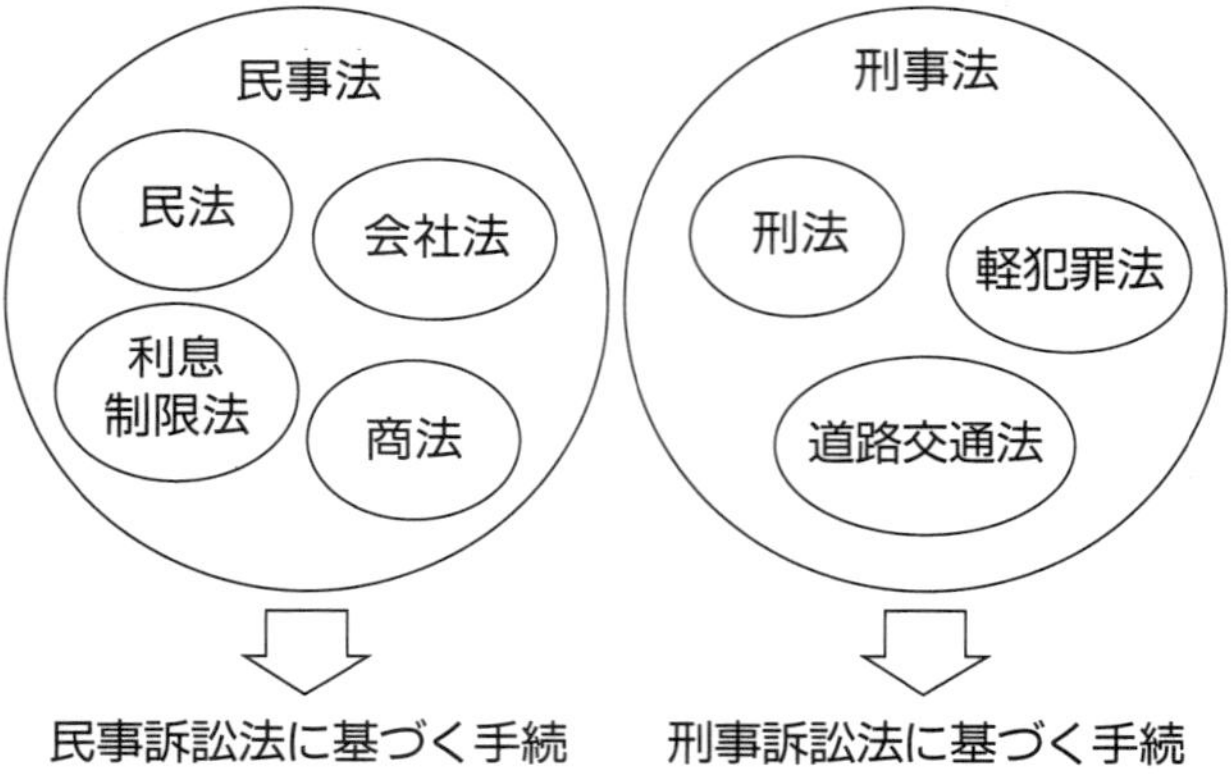


どちらも広い意味を持つ用語なので、場合によっては、「刑法」や「民法」が刑事・民事に関わる法律全般を指す意味で使われることもないわけではない。しかし厳密にいえば、刑法以外にも刑事の法律はあるし、民法以外にも民事の法律がたくさんあるのだ（図1）。

実際、法律の世界には「刑法」「民法」とは別に、「刑事法」「民事法」という専門用語が存在する。こちらは法律の名称ではなく、いくつかの法律を包含するカテゴリーの呼称である。刑事裁判には刑事法というカテゴリーに含まれる法律、民事裁判には民事法というカテゴリーに含まれる法律が適用されるわけだ。

図2

**公法　＝　国家と国民の関係を定めた法律**
**（憲法、行政法、刑法）**

**私法　＝　私人間の関係を定めた法律**
**（民法、借地借家法）**

法律の分類にはいろいろな考え方があって、詳しい話をし始めるとキリがないのだが、「刑事法・民事法」にやや近いものとして「公法・私法」という区別もある（図2）。「公法」というのは、国家と国民の関係を定めた法律のこと。したがって、国家が国民に刑罰を科す刑法なども、このカテゴリーに含まれると考えることができる。ただし、公法に何を含めるかについてはさまざまな学説があり、その概念自体がかなり曖昧だ。狭義では、憲法と行政法だけを含めるという考え方もある。いずれにしろ、刑事関係の法律だけが公法ではないので、「刑事裁判には公法が適用される」という言い方はできない。

一方の「私法」は、私人間の関係を定めた法律全般を指す言葉だから、ほぼ民事法と重なるものだと考えてもいいだろう。しかし公法と私法にはお互いに重なる部分もあって、この二分法そのものを否定する見方も根強い。一般の人が法律の世界に近づく上では、そういう分類方法があるということだけ知っていれば十分だろう。

## 犯罪は刑法だけではカバーできない

話を刑事法と民事法に戻そう。それが刑事裁判と民事裁判に適用されることは間違いないのだが、これは「刑事裁判（民事裁判）に適用される法律のことを刑事法（民事法）と総称する」ということだから、それだけでは同語反復になってしまう。具体的には何も説明したことにならない。

では、刑事法と民事法にはそれぞれどのような法律があるのか。

まず刑事法についていえば、その代表格はもちろん刑法である。犯罪とそれに対する刑罰を定めたもので、一九〇七年（明治四〇年）に成立し、その翌年に施行された。ちょうど一〇〇年の歴史を持つ古い法律だ。

戦後、新憲法の精神に沿う形で、大逆罪、不敬罪、姦通罪などが削除されたことはあるが、基本的な内容は一〇〇年前と変わっていない。そこには、窃盗罪、住居侵入罪、詐欺罪、収賄罪、通貨偽造罪、強姦罪、殺人罪など、およそ人間が犯しそうな罪が列挙されている。水利妨害罪、往来妨害罪、浄水汚染罪といった見慣れない罪もたくさんあるので、司法試験を受けるつもりのない人でも、一度は全体を眺めてみるといい。「人間はいろんな悪いことをするのだなぁ」と、溜め息が出ると思う。

しかし、そんな刑法であっても、刑罰を科すべき犯罪がすべて完璧に網羅されているわけではない。なにしろ古い法律なので、時代と共に移り変わる犯罪事情に追いついていない部分があるのだ。

もちろん、制定当時に想定されていなかった犯罪については、刑法そのものを改正することで対処することもある。たとえば、飲酒運転による死亡事故などでしばしば適用の是非が議論される「危険運転致死傷罪」は、二〇〇一年の刑法改正で導入されたものだ。車検を受けていない自動車を無免許で飲酒運転して二人を轢《ひ》き殺すという、きわめて悪質な事件がきっかけとなって制定されたものだった。

とはいえ、人間社会は時代を追うごとに複雑化する一方なので、刑法改正だけで犯罪の「進化」に対処するのは限界がある。そのため、刑法のほかにもさまざまな刑事法が作られてきた。

たくさんあるので全部は紹介しきれないが、代表的なものとしては、道路交通法、軽犯罪法、覚せい剤取締法、爆発物取締罰則、火炎びんの使用等の処罰に関する法律、ハイジャック防止法（航空機の強取等の処罰に関する法律）、破壊活動防止法、臓器の移植に関する法律などがある。日本の刑法が施行された一九〇八年といえば、まだライト兄弟が飛行実験をくり返していた時代だ。いかに刑法が古い法律かということがわかるだろう。そんな時代に、ハイジャックを想定した法律など作れるはずがないのである。

## 法律は「穴」にパッチを当てるように増えていく

さらに、基本的には民事法に分類される独占禁止法（私的独占の禁止及び公正取引の確保に関する法律）や金融商品取引法（旧・証券取引法）などにも刑事罰を定めた条文があり、その意味ではこれも刑事法の一種だ。たとえばニッポン放送株をめぐるインサイダー取引事件では、村上世彰《よしあき》被告に対して、一審で懲役二年・罰金三〇〇万円という厳しい実刑判決が出た。その罪状は、当時の証券取引法違反である。

法律の分類というのは後付けの理屈にすぎず、制定するときは「これは刑事法、あれは民事法」と整理してから中身を決めるわけではない。たとえば金融商品取引法なら、金融商品という分野について包括的にルールを決めることになる。そのため、民事的な条文と

図3
一つの法律の中に民事法と刑事法と行政法は混在する

（例）金融商品取引法

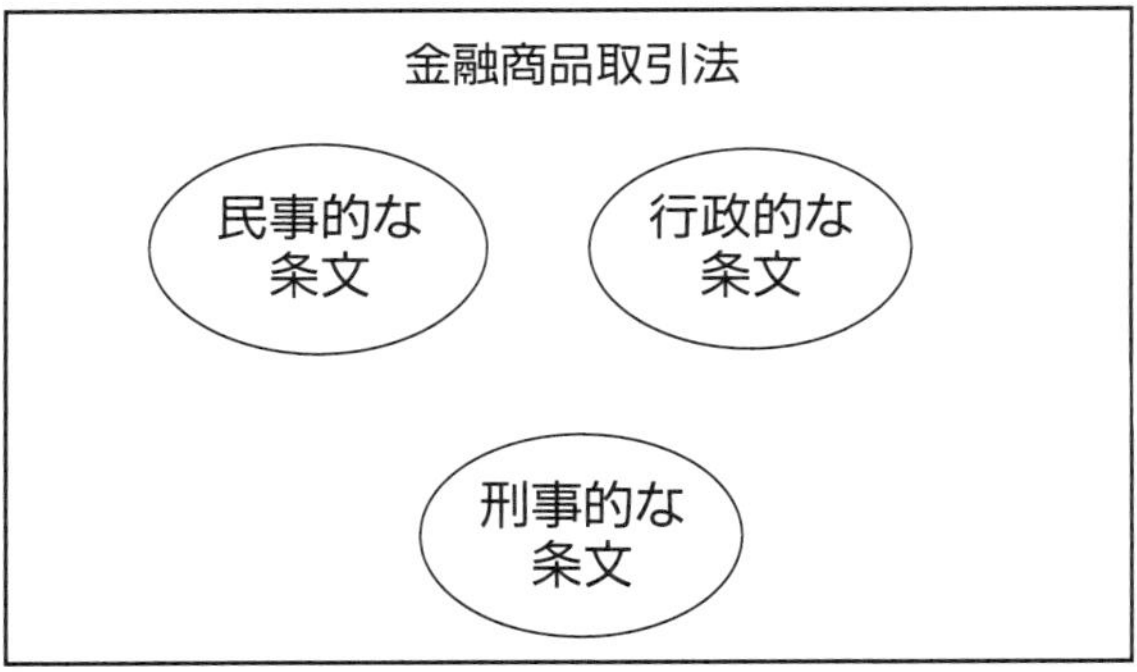


刑事的な条文、さらには後述するが、行政的な条文が混在する法律も少なからず存在するのである（図3）。

少し話はそれるが、村上ファンドの事件をきっかけにして法律が改正され、インサイダー取引に対する罰則は「懲役三年以下」から「懲役五年以下」に引き上げられた。犯罪の悪質化に対応するために、厳罰化が図られたのだ。

こうした改正も含めて、法律というのは現実とのイタチごっこにならざるを得ない側面がある。事前にあらゆる事態を予測して完全に網を張ることはできない。想定外の手口で悪事を働く人間が現れて、そこに「穴」があることが発覚するたびに、パッチを当てるようにして次々と新しい法律を作っていくしかないわけだ。

だから法律は、すぐには数を答えられないぐらいたくさんある。法律の条文を集めた本が『六法全書』と呼ばれるので、なかには法律というものが六つしか存在しないと思っている人もいるが、そんなことはない。六法とは、法律の中でもとくに重要な柱となる憲法・刑法・民法・商法・刑事訴訟法・民事訴訟法を指す言葉だ。

ちなみに司法試験では、基本的に、この六法に関する問題が出される。つまり、裁判官や検事や弁護士になる資格を得るためには、それ以外の細かい法律まで勉強する必要はほとんどないということだ。

無論、それだけでも容易にこなせる分量ではない。私などは、受験生時代、ちょっと笑っただけでも詰め込んだ知識が頭の中からこぼれ落ちそうな気がしていたので、テレビのバラエティ番組などはなるべく見ないようにしていたぐらいだ。そんなところに、国会が開かれるたびに成立する新しい法律をいちいち詰め込んでいたら、脳みそが暴発してしまう。世の中には、それぐらい多くの法律が存在するということだ。

そんなわけだから、司法試験を乗り越え、プロの法律家として仕事をしている弁護士といえども、すべての法律に精通しているわけではない。医師と同様、弁護士にもそれぞれ得意分野・専門分野というものがあり、それについては詳しいものの、守備範囲から外れた法律についてはあまり知らないのが実状だ。だからこそ、弁護士を使うときは相手をよく選ぶことが必要になる。極論になるが、うっかり専門の違う弁護士を選ぶと、眼科医に外科手術を依頼するようなことにもなりかねないのである。

## コップも猫も胎児も民法上は「人」ではない

さて、次は「民事法」に含まれる法律について説明しておこう。

この分野も次々と新しい法律が作られているが、基本となるのは、六法にも含まれている「民法」と「商法」だ。ただし商法のほうは、株式会社に関するルールなどを定めた部分が「会社法」という独立した法律になって外に出されたために、実質的にはもぬけの殻のようなものになっている。いまでは、商法の代わりに会社法が六法のひとつとして数えられることもあるぐらいだ。民事の中でも、ビジネスに関わる分野は「商事」と呼ばれているが、そこで中心となるのも会社法である。

一方の民法は、現在でも民事法における最上位規範だ。日本の民法は刑法よりもやや歴史が長く、物権や債権などについて定めた第一編～第三編が一八九六年（明治二九年）、親族や相続について定めた第四編～第五編が一八九八年（明治三一年）に編成された。ただし、民法は家族制度の規定などを含んでいるため、戦後に新憲法の精神に合わせて改正された部分が刑法よりも多く、現在の民法は「明治民法」とはかなり違ったものになっている。

しかし、第一編～第三編が「財産法」、第四編～第五編が「家族法」という二部構成になっているところは、昔もいまも変わらない。「財産」と「家族関係」が民法における二大テーマなのだ。

さらに細かく見ていくと、第一編の「総則」では、たとえば権利の主体としての「人」や「法人」とは何かということが定められている。ここで法的な人格を認められた者だけが、第二編以降で定められている物権や債権などの権利を持つことができるわけだ。コップやボールペンなどの物品はもちろん、犬や猫などの動物も「人」ではないので、当然ながら民法上の権利能力はない。

また、昔は町内会や同好会のような団体も法人格がないため権利能力がなかったが、現在は一定の条件を満たせば法人格を持つことも認められ、建物や備品の所有権をはじめとする諸権利が認められている。何に「人格」を認めるかということも、時代背景によって変わってくるわけだ。いずれ、ペットが飼い主の財産を相続できる日が来ないという保証はない。

人間をどこから民法上の「人」とするかというのも、微妙な問題である。条文には「私権の享有は出生に始まる」と書かれており、胎児に権利能力はないということになっているが、どの時点で「出生」と見なすかについてはいくつかの学説がある。頭の先など体の一部が胎内から露出していれば「人」とみなす「一部露出説」、全身が外に出ていなければ生まれたと考えない「全部露出説」、いやいや最初の産声をあげるまでは「人」とはいえないとする「独立呼吸説」の三つだ。判例は刑法では「一部露出説」が採用されているが、民法では判例がなく、むしろ「全部露出説」が通説となっている。「一部露出」から「産声」までそんなに時間はかからないので、ふつうの人はそこまで考えないだろう。しかし法律というのは、言葉の定義がとても大事な世界なのだ。

また、民法には胎児でも例外的に「人」とみなす規定がある。損害賠償の請求権や相続権などについては、まだ生まれていない胎児にも権利能力が認められているのだ。「胎児の損害賠償請求」とは不思議な話だが、たとえば父親が交通事故などで死亡した場合、そのとき母親のおなかの中にいた胎児は、生まれてから加害者に対して損害賠償を請求できる。法律にはたしかに「穴」もあるが、想定できることについては、かなり細かく考えられているのである。

## 契約書はなくても「契約」はある

第一編の「総則」に続いて、民法は第二編「物権」、第三編で「債権」についてのルールを定めている。物権とは、占有権、所有権、抵当権など「モノ」を直接支配する権利のこと。要は「自分のモノ」と「他人のモノ」をどう区別するかという話だ。

一方の債権は、ある者が別のある者に対して一定の給付を求めることができる権利である。抽象的な言い方でわかりにくいだろうが、たとえば当事者同士がお金の貸し借りをしているケースなら、貸している者が借りている者に対して「債権」を持っているわけだ。

ただし「一定の給付」の中身は、必ずしも金銭とは限らない。たとえば賃貸住宅で屋根から雨漏りがしている場合、借り主は貸し主に対して修理を求める権利がある。これも「債権」だ。逆に、貸し主のほうには「債務」がある。「債務不履行」というと、一般的には「払うべきお金を払っていない」というイメージがあるが、それだけではない。お金であれサービスであれ、本来なら誰かに給付すべき何かを給付していなければ、それは「債務不履行」なのである。

そして、この「債権」に関する規定の中でもとくに重要なのは、「契約」についてのルールだ。二者間に契約が成立しているとき、それを守らなければ「債務不履行」になる。借金を返さない人や雨漏りの修理をサボる大家が債務不履行になるのも、そこに「契約」があるからにほかならない。

民法では、贈与・売買・交換・貸借・雇用・請負・委任など、さまざまな契約関係について定めている。日本人は欧米人と比べて契約を重視しないと言われることが多く、事実、いちいち細かい契約書を交わさない傾向があるが、そういう場合でも法的な意味で契約関係が存在していないということにはならない。契約書が存在する場合はそちらの内容が優先されるが、とくに当事者間で細かい取り決めをしていない場合は、民法に書いてあることが一般的なルールとして適用される。

たとえば購入した電気製品に故障があれば、買い手は売り手に返品や交換を要求できるが、それも、売買が行われた時点で民法上の契約が成立しているからだ。売り手は買い手にまともな商品を提供する債務があるわけで、それが守られなければ損害賠償を請求できるのである。

もうひとつ、債権を発生させる原因として重要なのは、「不法行為」と呼ばれるものだ。たとえば交通事故や器物破損事故などの被害者と加害者のあいだに、契約関係はない。それでも被害者が債権者として加害者に損害賠償を請求できるのは、それが不法行為によって生じた損害だからだ。

民法では、故意もしくは過失による加害行為があり、違法に他人の権利が侵害されて損害が発生した場合、その損害と加害行為のあいだに因果関係があって、さらに加害者に責任能力があれば、被害者から加害者に対する損害賠償請求権が生じるとしている。刑事事件の被害者が加害者を民事で訴えるのは、ほとんどがこの不法行為に関するルールに基づくものだと考えていいだろう。

## 裁判を起こさなくても民事責任は追及できる

民法の話が長くなってしまったが、民事訴訟で適用される法律は、ほかにもたくさんある。たとえば、過払い金訴訟でも、消費者金融会社は民法に違反したわけではない。

というのも、民法には「契約自由の原則」というものがある。契約の内容は、当事者同士で自由に決めていいということだ。お互いがそれで納得しているのなら、民法はそこに口を挟まない。したがってお金の貸し借りも、当事者が契約で決めたのであれば、金利は（公序良俗に反しない範囲なら）何パーセントにしてもいいのである。

だから、いわゆる「ヤミ金」レベルの暴利を貪っているなら話は別だが、少なくとも出資法の最高金利を超えてはいなかった消費者金融の場合、民法上は何ら問題がない。借り手のほうも、「グレーゾーン金利」を納得した上で貸借契約を結んでいたのだ。

しかし最高裁は、「グレーゾーン金利」を「違法」と判断した。民法違反ではなく、利息制限法違反である。

民事法の最上位規範は民法だが、そこで定められた一般的なルールを少し変えた形で作られた民事法はいくつもある。民法のような「一般法」に対して「特別法」と呼ばれるもので、利息制限法もそのひとつだ。民法では何パーセントの金利で契約しようが自由だが、それでは消費者保護の観点から現実的な不都合があるので、金利を制限する法律を別にこしらえたのである。

この民法と利息制限法の関係は、刑法と少年法の関係に似ているといえるだろう。刑法四一条は「一四歳に満たない者の行為は罰しない」としているが、これだけだと一四歳以上の触法少年は大人と同じ刑事罰を受けることになる。それは現実的ではないということで、少年法によって未成年を保護しているわけだ。

民事の特別法には、利息制限法のほか、借地借家法や割賦販売法、各種の労働法などがある。また、特別法ではないが、不動産登記法や戸籍法など民法上の登録制度について定めた法律も少なくない。民事訴訟では、これらの法律に基づいて、私人同士の争いごとに決着をつけるのである。

ただし民事の場合は、すべての紛争が法廷で解決されるわけではない。むしろ、訴訟にまで持ち込まれるのはごく一部だ。弁護士が介在したとしても、大半のケースでは、双方が法律を踏まえながら話し合って私的に解決している。そこが、刑事とは違うところだ。刑事上の責任は「官と民」の問題なので裁判でしか追及できないが、民事上の責任は私人同士の問題なので、訴訟を起こさなくても追及できる。

おそらく読者の多くも、他人に対して民事上の責任を追及したことがあるに違いない。本人にそんな意識はなくても、たとえば「このあいだ貸した一万円、早く返してくれよ」と要求すれば、それは民事責任の追及なのだ。

もっとも、そんな言い方では、相手も自分が法的責任を追及されているとは思わないだろう。本気で貸したお金を取り戻したいなら、電話して「もしもし、ちょっと民事責任を追及したいんだけど」などと言えば、相手はいきなり訴訟でも起こされるのかと思って、強烈なプレッシャーを感じるのではないだろうか。

というのは半ば冗談だが、民事上の法的責任というのはそういうものだ。人間は一人では生きられず、常に他人と関わりながら暮らしているから、民事的な紛争のタネはどこにでも日常的に転がっている。それは、いつ裁判沙汰にまで膨らんでも不思議ではないのである。

# 第二章 刑事と民事の微妙な関係

## 民事では「超能力による不法行為」も認められる?

刑事と民事は、法律の世界を支える二本の大きな柱のようなものだ。それは、もっとも重要な法典として司法試験の受験生が学ぶ「六法」(憲法・刑法・民法・商法もしくは会社法・刑事訴訟法・民事訴訟法)が、憲法以外は刑事か民事かのいずれかに色分けできることを見てもよくわかるだろう。憲法というのは基本的に国家権力を規制するためのルールだから、一般国民を規制するための主要なルールは、刑事か民事のどちらかしかないということである(後述する行政も一般国民を規制する側面はあるが)。

前章で述べたことのくり返しになるが、刑事と民事のもっとも根本的な違いは、そこに国家が介入するかどうかという点だ。

刑事は国家が独占している刑罰権を行使する世界だから、当然、事件の捜査から裁判での判決、さらには服役囚の管理や出所にいたるまで、すべてのプロセスに国家権力が関わることになる。ミステリーの世界では、私立探偵が推理によって「犯人はこの男だ!」と名指ししたところで一件落着となるが、現実の刑事事件は、それだけでは何も解決したことにはならない。警察、検察、裁判所といった国家機関による事件処理は、むしろそこから始まるのである。

しかし民事のほうは私人同士の紛争にすぎないので、国家権力は基本的に関与しない。必要なルールを定めた上で、「これに基づいて当事者同士で解決しなさい」というのが国家としての基本姿勢だ。したがって、私立探偵ならぬ民間の弁護士が「この条件で手を打ちましょうよ」などとアドバイスして、裁判を起こさずに一件落着させることもできる。

当事者同士が納得すればいいのだから、弁護士の存在さえ絶対に必要というわけではない。たとえばあなたが、貸した金を返してくれない知り合いに「月末までに利子を一割つけて返せ」と要求し、相手がその条件を受け入れて返したら、それで広い意味の「民事事件」を解決したことになるわけだ。刑事事件はすべて公文書に記録されるが、民事は裁判にでもならないかぎり、いちいち記録されるわけではない。近隣住民との揉めごとを話し合いで解決するケースなどを含めて、日常的な場面でいくらでも起きている。

また、民事は当事者同士の取り決めに左右される世界だから、刑事分野では無視されるような事柄でも「紛争」として成立する可能性がある。

たとえば、これはあくまでも仮定の話だが、ある人が超能力によって器物損壊や傷害、殺人などの行為を犯したとしよう。その手段は念力でもテレパシーでも何でもいいが、そういう能力の存在が科学的に証明でもされないかぎり、これは刑事事件として立件されない。たとえ本人に罪を犯す意思があっても、「不能犯」と呼ばれて犯罪にはならないのだ。

不能犯の説明としてよく例に挙げられるのは、「藁《わら》人形に五寸釘」である。本人は誰かを呪い殺すつもりで藁人形に五寸釘を打ち、その直後に相手が心臓発作か何かで死んだとしても、五寸釘を打つ行為を殺人の実行行為と評価することは難しい。その因果関係を証明するのも不可能だ。単なる「偶然の一致」である。したがって、仮に「犯人」が「私が呪い殺しました」と自首したとしても刑事責任は問われない。

では、民事ならどうか。超能力で身内を殺されたと信じている被害者が、「加害者」に損害賠償を求めて訴えた場合、裁判所はこの訴えを認めるだろうか。

その場合、「加害者」とされた被告側が「いや超能力なんて存在しませんから」と言えば、もちろん民事責任を問われることはない。だが、被告側が「たしかに私が念力で殺しました」と認めれば、賠償金を払わされる可能性がある。民事訴訟の場合、原告が主張した事実関係に被告が反論しなければ、その事実があったことは（少なくとも法廷では）認められるからだ。

## 権利の上に眠る者は救われず

前章で述べたとおり、民法では不法行為によって損害賠償請求権が発生する条件を定めており、そこでは加害行為と損害のあいだに因果関係がなければいけないとされている。このケースなら、超能力の実行行為性や超能力と被害者の死亡のあいだに因果関係がなければ、損害賠償は請求できないわけだ。

しかし、実行行為性や因果関係の有無を法廷で主張するのは原告と被告であって、裁判所にそれを立証する義務はない。両者が事実関係で争わない（つまり双方とも「実行行為性はない」「因果関係はない」とは主張しない）のであれば、「超能力で殺した」という事実を踏まえた上で、損害賠償額をいくらにするのが妥当かという争いになるのである。

いかにも荒唐無稽な話ではあるが、宗教団体がからんだ昨今の事件を見ていると、そういう訴訟が現実に起こっても不思議ではない。

たとえば二〇〇七年に、ある宗教団体の内部でリンチ殺人事件が発生したことがある。そのとき、集団暴行に関わった教団関係者は、身動きしなくなった被害者を蘇生させるために、教団内部で「飲むと病気が治る」と信じられている水をふりかけたという。

この場合、同じ宗教を信じている遺族が民事訴訟を起こし、「もっと早い段階で水をかけていれば死ななかったはずだ」と、水をふりかけた信者に被害者を救護する義務があるのに水をふりかけるのが遅すぎた点に「過失による不法行為」があったと主張したとしたら、訴えられた側も「水の効き目」自体は否定しにくいだろう。その水に不思議な力があるという事実はお互いに認めた上で、それをかけるタイミングが妥当だったかどうかという争いになる可能性があるわけだ。

その宗教を信じていない一般国民にとっては実にバカバカしい裁判になるし、実際には裁判所による訴訟指揮が行われて、常識的な落としどころが探られることになるとは思う。しかし刑事と民事の違いを理解する上では、わかりやすい架空事例といえるのではないだろうか。

超能力や奇跡の水のことはともかく、被告が反論しなければ原告側の主張がそのまま認められてしまうというのは、民事裁判における重要なポイントのひとつだ。とくに気をつけなければいけないのは、「時効」に関するルールだろう。

民法では、たとえば飲食や宿泊代金は一年、一般貸金債権は弁済期日から一〇年など、さまざまな権利が消滅する「時効」を定めている。その時間が経過してしまえば、請求されても支払う義務はないわけだ。

しかし、時効期間を過ぎてから債務の支払いや損害賠償を求める民事訴訟が起こされても、裁判所が「もう時効だから」と訴えを却下するわけではない。とりあえず、裁判は開かれる。そこで、たとえば宿泊から一年以上が経ってから宿泊代金を請求された被告が、時効によって債務が消滅していることを知らずに、「必ず払うからもう少し待ってくれ」などと主張してしまうと、本来なら一銭も支払う義務のないお金を払うことになりかねない。「権利の上に眠る者は救われず」という原則があるからである。

## 「民事不介入の原則」とは何か

このように、国家は私人同士の争いごとに対して積極的に介入しない。それが「民事不介入の原則」と呼ばれるものだ。

もちろん、民事裁判になれば裁判所という国家機関が最終的な判決を下すので、その意味では「介入」していることにはなる。しかし、あくまでも民事は当事者同士で解決するのが基本であって、裁判所はどうしても解決できない案件にだけ、やむを得ず乗り出すものだというイメージで理解していいだろう。

もっと厳密に「民事不介入の原則」が適用されるのは、言うまでもなく警察や検察などの捜査機関だ。これについては、マスコミでもしばしば議論の対象になるので、その言葉を耳にしたことのある人は多いと思う。警察が「不作為（なにもしないこと）の言い訳」として「民事不介入の原則」を使っているのではないかと批判されることがよくあるのだ。

よく知られているのは、一九九九年の「桶川ストーカー殺人事件」だろう。被害者の家族が執拗な脅迫や誹謗中傷を受け、警察に何度も相談したが、警察は「民事不介入」として取り合わなかった。男女の恋愛沙汰は私人同士の紛争にすぎないから、警察の介入する余地はないということだ。しかし結果的には、被害者がストーカーグループに殺害されるという、きわめて深刻な刑事事件に発展してしまったのである。

この事件の場合は、中傷ビラをまかれた被害者家族が名誉毀損で提出した告訴状を、警察が勝手に被害届に改竄《かいざん》したり（告訴状と違って被害届には捜査義務がない）していたのだから、その怠慢が非難されるのは当然だろう。遺族の起こした国家賠償請求訴訟では、裁判所も捜査の怠慢を認めて、埼玉県に賠償金の支払いを命じている（ただし「捜査の怠慢と殺害の因果関係」は認定されなかった）。

だが、一般論としては、この事件が発生した当時、ストーカー行為に対して警察が介入しにくかったこともたしかだ。「つきまとい」や「待ち伏せ」といった嫌がらせについては、軽犯罪法などの軽微な犯罪としかとらえることができず、捜査機関が捜査に乗り出すような抑止力の高い刑事犯罪を構成する法律が存在しなかったからである。

そのため、住居侵入（相手の部屋に勝手に上がり込む）や信書開封（ポストの郵便物を勝手に開けて見る）といった犯罪行為に該当する場合でもなければ、実効的に動きたくても動けないということもあった。実際に刑事事件を起こす前に身柄を拘束したりすれば、逆に「微罪逮捕や予防検束は警察権力の濫用だ」などと批判されかねない。桶川事件における警察の怠慢を弁護するつもりはないが、「民事不介入の原則」が警察の足かせになっている面もあるわけだ。だからこそ、この事件の後、ストーカー規制法（ストーカー行為等の規制等に関する法律）が二〇〇〇年に施行され、その行為に対して、より広く刑事法の網をかけられるようにしたのである。

ちなみに、二〇〇一年に施行されたＤＶ防止法（配偶者からの暴力の防止及び被害者の保護に関する法律）も、似たような経緯で作られたものだ。ドメスティック・バイオレンスも夫婦間の問題であるため、ストーカーと同様「民事不介入の原則」に引っかかりやすかった。しかし、事例の増加や深刻化が目立つようになったため、刑事事件として警察が立件しやすくすることが求められたのである。

## 国家権力が本気になれば「民事」を「刑事」の世界に取り込める

そのほか、警察が介入しにくい「刑事と民事の隙間」的な問題としては、暴力団による民事介入暴力（民暴）が挙げられる。債権の取り立てや地上げ、企業の倒産整理、交通事故の示談などに介入して、暴力団の威力を利用して不当な利益を得る行為だ。

暴力団員というのは、顔つき、言葉遣い、服装などが怖いので、刃物や拳銃などを突きつけられなくても、一般市民はトラブルを避けるために言うことを聞きやすい。彼らもそれがわかっているから、相手の恐怖心を利用して、犯罪スレスレの手法でシノギを得ようとするわけだ。

また、警察が介入できないギリギリのラインを狙って利益を得ようとするのは、暴力団だけではない。法律に詳しい人間の中にも昔からそういう人間はいる。たとえば商工ローン大手のSFCG（旧・商工ファンド）も、かねてからその取立手法などが問題視されていた。「法律を使ったスマートな取り立て」と称して、高度な法的テクニックを駆使し、法律をよく知らない債務者や保証人から強引な債権回収を行っていたのである。そのやり口は、法曹関係者から「司法テロ」と呼ばれるほどだった。

しかし、いくら「民事不介入の原則」があるとはいえ、目に余るやり方に対する社会的な批判が高まれば、国家権力も黙ってはいない。一九九九年に、「金を返せないなら腎臓や目玉を売れ」と債務者に暴言を吐いた同業者の日栄（現・ロプロ）社員が警視庁に恐喝未遂罪で摘発されるなどしたこともあって、商工ローン全体への規制が強まった。SFCGも、その「スマートな取り立て」が貸金業法違反に当たると判断され、二〇〇五年に一定期間の業務停止命令が出されている（ちなみに、これは警察が介入した刑事処分ではなく関東財務局による「行政処分」だった。行政処分については次章で詳述する）。

ともあれ、国家権力が本気になれば、「民事と刑事の垣根」を乗り越えるのはそう難しいことではないといえるだろう。民事的な案件であっても、放置しては被害者のためにならないと判断したときなどは、法律を拡大的に解釈して民事を刑事の分野に取り込むこともないわけではない。世論のバックアップを受け、立件したほうが警察・検察の評価が高まると予想されるときなどは、なおさらそうだ。

## 「騒音」や「怒鳴り声」でも傷害罪が成立する

たとえば、二〇〇五年頃にテレビのワイドショーで話題になった「騒音おばさん事件」を覚えている人は多いだろう。奈良県の主婦が、トラブルのあった近隣住民を追い出すために、CDラジカセで大音量の音楽を流し、ベランダに干した布団を叩きながら「引っ越し、引っ越し、さっさと引っ越し！」などと大声で怒鳴りまくっていた一件だ。

一〇年前から続いていたというから、おそらく被害者は以前から警察に対処を求めていただろう。警察も「静かにしなさい」と注意ぐらいはしていたかもしれないが、当時は公共の場以外での騒音を取り締まる法律や条例がなかったので、逮捕まではできなかった。

しかし結果的に、あの主婦は警察に逮捕されて刑事裁判にかけられ、懲役一年八ヶ月の実刑判決を受けている。被害者が騒音による頭痛や不眠を訴えて病院に通っていたため、警察が「傷害罪」の適用に踏み切ったのだ。

いくら病気になったとはいえ、殴る蹴るといった直接的な暴力を振るったわけではないので、傷害罪という罪状には違和感を覚える人も少なくないだろう。マスコミで話題になり、「警察はあんな人間を放置するのか」という世論が高まっていなかったら、果たして立件できたかどうかは疑問である。

最近では、鹿児島でパチンコ店の店員を「外に出ろ！」「なんだこら！」などと怒鳴り散らして失神させた男が、傷害罪で逮捕されたこともあった。怒鳴り声が「凶器」と認定されたという珍しいケースである。これはマスコミで話題になったわけではないので、よほど男の怒鳴り声が凄まじかったのだろう。

いまのところ、街中での喧嘩などは基本的に民事の問題である。警察官は社会の平穏を保つために仲裁ぐらいはするものの、相当程度の傷害が生じないかぎり、いちいち逮捕しない場合が多い。夫婦喧嘩も同じで、近所の住民から通報があれば出動はするが、その場をおさめたら、あとは「あまり近所に迷惑をかけないようにして、当事者同士で民事的な問題として解決してください」というのが基本的な態度だ。

しかし、もし「怒鳴り声は凶器」との判断が一般的なものになれば、誰かを怒鳴りつけただけで刃物を振り回したのと同じことになってしまい、理屈の上ではほとんどの口論で「暴行罪」が成立することになる。それこそ、もしも国家権力が国策などの理由から、ある人間の社会的生命を奪おうと思ったら、大声で口論していただけで微罪逮捕できることになってしまうわけだ。刑事分野の拡大は、社会の治安を守りやすくする反面、国家による人権制限の幅を広げることにもなりかねないのである。

## 「刑事告訴」をちらつかせて民事を有利に進めることも

民事不介入が文字どおり「原則」にすぎないことを見てもわかるように、民事と刑事はそれぞれ完全に独立した分野として存在しているわけではない。両者の境界線は決して固定されていないし、敷居の高さもケース・バイ・ケースだ。前述した金融商品取引法のように、刑事と民事が混じり合う形になっている法律もある。

そもそも人間は自分たちの行動を民事と刑事に分けて生活しているわけではないから、法律の適用も、時と場合によって双方が複雑に交錯することになるのは当然だろう。人間社会は、それほど単純にはできていない。

したがって、時には同じ案件で刑事と民事が混在することもある。前章でも少し述べたが、刑事事件の被害者が、刑事裁判とは別に、加害者を民事で訴えるケースが少なくないのだ。犯罪者に刑事罰を科すのは国家の役割なので被害者が加害者に復讐《ふくしゅう》することはできないし、罰金も国庫に納められるので、報復感情を満たしたり損害を回復したりするには、民事訴訟で勝つしかないのである。

また、実際に両方の裁判を起こさなくても、民事訴訟の原告が刑事裁判を利用することがある。不法行為による損害賠償を請求する際に、「場合によっては刑事告訴も辞さない」

という態度を見せることで、相手の譲歩を引き出そうとするのだ。

その場合、刑事事件として告訴できるような犯罪行為が起きたのに、まだ刑事裁判が開かれず、民事裁判だけが進んでいることになる。それを不思議に思う人もいるだろう。しかし犯罪のなかには、国家権力の意志だけでは起訴することのできないものがある。

それが、「親告罪」と呼ばれるものだ。これは、被害者の告訴がなければ公訴を提起することができない。たとえば、犯罪事実が公になると被害者側に不利益が生じる可能性のある強制わいせつ罪や強姦罪、未成年者略取・誘拐罪、名誉毀損罪などが、親告罪の代表だ。それ以外には著作権法違反の多くも親告罪だし、過失傷害罪や器物損壊罪なども被害が軽微なため告訴がなければ裁判にはならない。

また、窃盗罪、詐欺罪、横領罪などは、親族間の事件にかぎっては、刑が免除されるか、または親告罪だ。たとえば子が親の財産を騙し取ったりした場合、基本的には家族内での問題なので、国家はなるべく介入すべきではないと考えられているのである。

刑事裁判で有罪が確定すれば「前科者」の烙印を押されてしまうし、被告人として法廷に出るだけでも社会的な立場が危うくなるので、これらの事件を起こした人間はなるべく民事だけで済ませたいと思うだろう。示談で片づけることができれば、民事裁判の場に出ることもない。

したがって示談交渉に臨む弁護士としては、「刑事告訴」という武器をちらつかせることのできる案件は、実にありがたい。圧倒的に有利な立場で交渉を進められるからだ。

典型的な例としては、痴漢行為（強制わいせつ罪）に対する損害賠償請求が挙げられるだろう。たとえばサラリーマンが痴漢容疑で捕まった場合、被害者に刑事告訴されると、警察に何日も留置されることになり、会社を休まざるを得ない。さらに、刑事裁判にかけられ、前科者になってしまう。犯罪事実を隠すこともできないから、クビになる可能性も高い。

しかし民事ですぐに示談をまとめれば、非行を知られないまま会社に復帰できる可能性が出てくる。そのため、相場より高い賠償金を払ってでも刑事告訴を避けようとするわけだ。

## 逃亡中の指名手配犯にも被害者は損害賠償を請求できる

もちろん、殺人罪や強盗罪など親告罪ではない大半の犯罪は、被害者の告訴があろうがなかろうが警察が捜査を行い、犯人が逮捕されれば刑事裁判にかけられることになる。被害者が加害者に損害賠償を請求する場合、刑事と民事の裁判が並行して行われることもあるわけだ。もっとも、重大犯罪を犯す人間は賠償金の支払い能力に欠ける場合が多いので、被害者やその遺族が最初から民事訴訟を断念することも少なくない。

加害者に損害賠償を請求する場合（親告罪で刑事告訴しないときも同じだが）、被害者側が気をつけなければいけないのは、不法行為による損害賠償請求権は三年で時効になってしまうということだ。それも、刑事裁判の判決が確定してから三年ではない。「損害及び加害者を知った時」から数えて三年である。

したがって、「刑事裁判でカタが付いてから民事で訴えよう」などと考えて成り行きを傍観していると、請求権が消滅してしまうケースもある。重大な事件の裁判は、三年以上かかることが決して珍しくないからだ。たとえばオウム真理教事件も、教祖の逮捕から死刑確定までに一一年もの歳月がかかった。

だから、損害賠償を請求するつもりがあるのなら、容疑者が逮捕されると同時に準備を始めたほうがいいだろう。それどころか、逮捕される前に民事訴訟を起こしたほうがいいケースもある。容疑者は特定されていても、指名手配犯として逃亡していることもあるからだ。なかには、いくつもの偽名を使い、整形手術をしながら時効成立直前まで逃げていた「松山ホステス殺害事件」の福田和子のような犯罪者もいる。捕まるのを待っていたら、あっという間に請求権を失ってしまうのである。被告人本人がいないと開廷できない刑事裁判と違い、民事訴訟は被告の居所が不明でも起こせるので、逃亡中でも問題はない。

刑事裁判の判決が確定する前に損害賠償を請求することに、疑問を感じる向きもあるだろう。起訴された被告が、無罪を主張して争っていることも多いからだ。自分は無実だと言っている被告が、民事裁判で損害賠償請求に応じるはずはない。

そもそも刑事裁判は、被告人が罪を認めていようがいまいが、判決が確定するまでは「推定無罪の原則」が適用される。本人の自白や物証によって、誰が見ても明らかに犯人だと思える状況であっても、有罪判決が確定しないかぎり、建前上は無罪と推定して扱わなければいけない。近代法治国家における大原則である。マスコミでは判決が確定していない被告人を完全に犯人扱いして論じることが多いが、これは法曹関係者から批判されることがしばしばだ。

## 民事に「推定無罪の原則」は適用されない

ところが、そんな大原則を持っている法律の世界で、「推定無罪」の人間（つまり本当に加害者かどうかわからない人間）への損害賠償請求が認められている。これは大きな矛盾だといえないこともない。

しかし「推定無罪の原則」というのは、あくまでも刑事手続き上の原則である。民事裁判においては誰もが被告の無罪を推定して行動しなければいけないということではない。おもに刑事裁判における裁判所が、判決確定前の被告人の無罪を推定しなければいけないということだ。したがって、民事裁判のほうには基本的に関係がない。被告が刑事裁判で無罪を主張しようが、有罪を認めようが関係なく時効の進行については、「加害者を知った時」からと考えるべきだろう。

とはいえ実際には、本人の自白調書があり、法廷でも無罪を主張しなかったにもかかわらず、実は冤罪だったというケースも稀にある。最近では、富山県で起きた強姦事件で逮捕された人がそうだった。実刑判決が確定し、それに従って刑務所で服役も済ませて出所した後で、真犯人が現れて無実だったことがわかったのだ。警察の捜査もひどいものだったが、杜撰《ずさん》な証拠で有罪判決を下した裁判所もひどい仕事をしたものである。

もし、あの事件の被害者が無実の人を民事で訴えていたら、一体どういうことになっただろうか。被告人が自白を翻し、「刑事で有罪、民事で無罪」という世にも珍しい判決になった可能性もあるが、あまり抵抗することなく服役までしてしまった被告人のことだから、民事でも損害賠償を命じられた可能性が高い。

だが、晴れて冤罪が証明されたからには、支払った賠償金も返してほしいだろう。その場合、おそらくは事件の被害者（賠償金を受け取った人）を相手取って、再審の訴えや不当利得返還請求訴訟を起こすことになるはずだ。支払う必要のない賠償金を支払ったのだから、返せというのは当然の権利である。

しかし被害者にしてみれば、「真犯人じゃないなら、なぜ賠償金を支払ったんだ」と言いたいだろう。そもそも受け取った賠償金は、少なくとも当時は「不当な利得」ではない。刑事裁判で有罪判決まで出ているのだから、正当な根拠に基づいて請求したお金だ。

それに、相手が間違いだと知っていながら支払ったお金は返さなくていいという法的な根拠もある。「非債弁済」と呼ばれるもので、自分に債務がないことを知りながら任意に債務の弁済として給付したものは実質的に「贈与」のようなものだと見なされ、不当利得返還請求ができないという民法上の規定があるのだ。

そうはいっても、無実の人が強姦事件の被害者に損害賠償金を支払ったままというのは、常識的に考えておかしい。架空の事例ではあるが、この争いに裁判所がどのような判断を下すのか、法律家としては興味深いところだ。もちろん、そんなややこしい事態を招かないよう、警察や検察や裁判所には慎重な捜査及び審理を求めたいものである。

## 「刑事で無罪、民事で有罪」という矛盾

ところで、先ほど「刑事で有罪、民事で無罪」という判決が出たら世にも珍しいことだと書いたが、実をいえば、刑事と民事で逆の判決が出るケース自体はそんなに驚くべき事態ではない。決して多くはないが、実例はある。

ただし、それは「刑事で無罪、民事で有罪」だ。有罪・無罪というのは刑事の概念なので、正式には民事裁判で下されるのは「有罪判決」ではないが、刑事裁判で無罪判決を得た被告人が、同じ事件の被害者が提訴した損害賠償請求訴訟で負けることはある。その場合は、その被告人の不法行為が事実として認定されたからこそ負けたわけで、実質的には「有罪」を宣告されたのと同じことだともいえる。

日本国内の事例ではないが、もっとも有名なのは米国の「O・J・シンプソン事件」だろう。かつてはNFLの名選手であり、俳優としても活躍していたO・J・シンプソンが、一九九四年、元妻とその友人の殺害容疑で逮捕された事件だ。

その有罪を示す証拠は揃っていたというが、検察側に証拠捏造《ねつぞう》疑惑があり、被告人側が「ドリームチーム」「全米選抜」などと呼ばれた強力な弁護団を揃えたこともあって、刑事裁判では無罪判決が確定。裁判に人種問題が持ち込まれ、弁護団が一二人の陪審員のうち九人を被告人と同じ黒人にすることに成功したのも、無罪評決をもたらす要因になったといわれている。ちなみに米国では日本と違い、無罪判決の場合は検察が上訴できないので、この裁判は「第一審」だけで決着している。

しかし、被害者の遺族が起こした民事裁判では、一転して敗訴。原告側の請求が認められ、合計で八五〇〇万ドルもの賠償金の支払いが命じられた。刑事と民事で、まったく逆の事実認定がされたのである。

同じ国の裁判所が同じ事件を扱ったにもかかわらず、なぜ、このような矛盾が起きたのだろうか。それは、刑事裁判と民事裁判では「裁き方」が根本的に異なるからだ。

刑事裁判には「疑わしきは罰せず」という原則があり、九九パーセント「有罪」だと思われるだけの証拠が揃っていても、そこに一パーセントの合理的な疑いがあれば、被告人の利益とすることになっている。これは、冤罪を生まないためのルールだ。

本当は罪を犯した人間を無罪放免にすることがたとえあっても、無実の人間を誤って有罪とするよりはマシだという考え方が、その根底にはある。自由を奪って刑務所に服役させるというのはきわめて重大な人権侵害なので、その悲劇だけは絶対に避けたいと考えるわけだ。それでも富山の強姦事件のような冤罪が発生してしまうのだが、「疑わしきは被告人の利益に」という原則が厳格に守られていたら、本来あのようなことは起こるはずがないのである。

## 「無罪」と「無実」は同じではない

そういう厳格な証明が求められる刑事裁判に対して、民事裁判では事実認定をする上で一〇〇パーセントの証明は求められない。民事の世界では、かつては「クロ五一対シロ四九」の僅差であっても、クロが優位なら不法行為があったと認められた。だが、最近の学説では民事でも不法行為と認めるには十中八九「クロ」という確信を必要とするようになってきている。

民事のほうが「有罪」を認定するためのハードルが低いから、「刑事で有罪、民事で無罪」というねじれ判決はあり得ない。刑事のハードルをクリアすれば、民事でも間違いなくクリアできる。しかし民事のハードルを越えることができても、刑事で必ず越えられるとはかぎらない。だから矛盾が生じるとしたら、「刑事で無罪、民事で有罪」なのだ。

これは、米国でも日本でも基本的に変わりがない。実際、日本でも最近、痴漢で逮捕された男が刑事で無罪判決を得ながら、民事で損害賠償を命じられたことがある。

ただし米国の場合、陪審員制度が実施されているので、より刑事と民事の違いがわかりやすいといえるだろう。『十二人の怒れる男』という映画を見たことのある人ならおわかりだと思うが、米国の刑事裁判では陪審員の意見が原則、全員一致になるまで話し合いが続けられる。一人でも逆の意見を主張すれば結論を出せないから、あの映画では延々と議論が続いたわけだ。

しかし、もしあの映画が民事裁判を描いたものだったら、何のドラマもないまま途中で話が終わっていただろう。米国の民事裁判では、陪審員の七〇パーセント（一二人中の九人）の意見が一致すれば、それを最終的な結論にできる場合も少なくないからだ。かたや一〇〇パーセント、かたや七〇パーセントの一致で結論が下されるのだから、刑事と民事で異なる評決が出たとしても、何の不思議もないのである。

とはいえ、それでも納得のいかない気持ちになる人は多いだろう。刑事で無罪なら民事で賠償金を払う必要はないし、民事で賠償金を払うなら刑事罰も受けるべきだと思うのが、常識的な感覚だ。とくに、本当は無実なのに民事で賠償金を払うことになるケースがあるとしたら、被告にとってあまりにも気の毒な判決だと感じられる。

しかし、もちろんその可能性がないわけではないが、本当に無実であるなら民事裁判でも不法行為がなかったことを証明できるはずだと考えるほうが妥当だろう。つまり、「刑事で無罪、民事で有罪」となった場合、刑事裁判での無罪というのは「無実」を意味しているわけではない。あくまでも刑事処分の結論として犯罪の証明が得られないので「無罪」が選択されたというだけで、本当に「無実」だと完全に証明されたわけではないといえる。

むしろ、わずかながら合理的な疑いがあるために、やむを得ず「疑わしきは被告人の利益に」という原則にしたがっているのだと考えることもできる。一人の冤罪も出さないという目的を達成するためには、いわば「必要悪」のようなものとして、そういうコストを社会全体が払わなければならないということだ。

だから、民事で逆の判決を出された刑事の裁判官も、決して「自分の判断が否定されて悔しい」とは思っていないはずだ。逆に、不法行為を認めた民事の裁判官に「よくぞ一矢報いてくれた」と感謝する場合もあるだろう。

# 第三章　「行政上の責任」と「行政の責任」

## 駐車違反の反則金は刑事か民事か

ルール違反やトラブルなどで迷惑や損害を被《こうむ》った者が、相手に対して「場合によっては法的責任を問うことも考えています」という通告をすることがある。そんな経験のある人は少ないと思うが、通告された側としては、何やら事が大袈裟になるような印象を受けて、動揺するのではないだろうか。

社会的責任、道義的責任、政治的責任、結果責任、説明責任など、世の中の「責任」にもいろいろある。「法的責任」は、そのなかでもとりわけ重く感じられる言葉だ。ほかの責任と違って、法的責任ばかりは追及されたら逃げ隠れできないようなイメージがある。

そんな恐ろしさを感じるのは、おそらく、瞬間的に「裁判」という言葉が脳裏をよぎるからだろう。つい、後ろ手に縛られてお白州に引きずり出され、厳しく糾弾される光景を想像してしまったりするわけだ。

しかし本書をここまで読んだ人なら、「法的責任を問う」が必ずしも「裁判所に訴える」を意味しているわけではないことがおわかりだと思う。刑事上の責任は基本的に法廷で問われるが、民事上の責任はそうとはかぎらない。民法をはじめとする民事法に則《のっと》った形での対応を迫れば、私人同士の話し合いでも「法的責任」を追及したことになる。

また、自動車の運転免許所持者のなかには、駐車違反やスピード違反で反則金を取られたり、免許停止処分を受けたりしたことのある人もいるだろう。裁判にかけられたわけではないが、当然これも「法的責任」を取らされているわけだ。

では、この法的責任は刑事上の責任だろうか、それとも民事上の責任だろうか。

私人間の紛争ではなく、「官」から罰を受けたのだから、民事ではないことはすぐにわかると思う。ならば刑事かというと、逮捕や送検をされたわけではなく、もちろん裁判にかけられたわけでもない。どちらかというと民事よりは刑事に近い印象はあるものの、その程度の違反で「刑事事件の犯人」と呼ばれたのではたまらないだろう。実際、駐車違反やスピード違反で反則金を取られただけでは「前科」もつかない。

民事でも刑事でもないのだとしたら、これはいかなる法的責任なのか。

実は、法的責任にはもうひとつ別の種類がある。「行政上の責任」もしくは「行政責任」と呼ばれるものだ。交通違反に対する反則金や免停処分以外にも、たとえば税務署が科す追徴金や公正取引委員会の排除命令、入国管理局が外国人に下す在留資格に関する不許可処分なども、ここに含まれる。

いずれも「官と民」が対立関係になるという点では刑事と同じだが、そこで科せられるのは「刑罰」ではない。「行政処分」と呼ばれるものだ。刑罰ではない以上、そこで問われているのは刑事責任ではない。もちろん民事責任とも異なるから、まったく別カテゴリーの法的責任ということになるのである。

## 「行政上の責任」を問われるのは役所ではない

行政処分とは、行政上の法規などに違反した者に対して、その分野の監督官庁や地方公共団体などの役所が「これで落とし前をつけろ」と言い渡す命令のことだ。これには、大きく分けて二つのタイプがある。

ひとつは、刑事罰を科すほど重大ではない軽微なルール違反に対して下されるもの。広い意味では刑事事件に該当するものの、裁判にかけるほど悪質ではないため、各役所の判断で軽い処分が下される。漫才風に言うなら「今回はこのくらいで勘弁しといたろか」というわけだ。交通違反の反則金は、これに当たる。

もうひとつは、法律をスムーズに運用していくために役所に与えられた、ちょっとした制裁権を行使するもの。こちらは、悪質だからといって刑事事件になることはない。しかし、いちいち警察力を動員するまでのことはないとしても、人々に法令どおりの行動をさせるためには、違反に対してそれなりの制裁を用意しておく必要がある。そこで、該当するそれぞれの役所に処分する権限が与えられているのである。

これらの行政処分を下すのが、「行政上の責任を問う」ということだ。「行政上の責任」や「行政責任」という言葉には、「行政府の側が負っている責任」のことを指すような雰囲気があるが、そうではない。刑事責任や民事責任と同様、その責任を果たさなければいけないのは「民」のほうである。

とはいえ、いずれも正式な法律用語というわけではなく、マスコミなどでは「行政の責任」のことを「行政責任」と呼ぶこともあるのでややこしい。たとえば官庁の不祥事が問題となったときなどに、「行政責任を厳しく追及すべきだ」といったりするわけだ。

だが、少なくとも「行政上の責任」といった場合は、民間の側が行政上の問題で責任を問われているのだと考えていいだろう。したがって本書では混乱を避けるために、これを「行政上の責任」と呼ぶことにする。「刑事上の責任」と「民事上の責任」に、この「行政上の責任」を加えた三つが、「法的責任」のすべてなのだ。

ただし念のため付言しておくと、行政処分は刑事処分と違って、「違反した者の責任を問う」というネガティブなものばかりではない。たとえば学校の設立を許可するといったポジティブな措置も、広い意味の「行政処分」である。行政処分を受けた者が、必ずしも「何か悪いことをした」とはかぎらないわけだ。

## 反則金は行政処分、罰金は刑事処分

ちなみに、交通違反の反則金のことを「罰金」と呼ぶことがあるが、これは正式な法律用語としては間違っている。もちろん「罰金」という言葉は法律の世界だけのものではなく、一般的には広い意味があるので、たとえば練習に遅刻した選手にチームが払わせるお金を「罰金」と呼ぶのを咎《とが》めるつもりはない。しかし法律の世界で「罰金」といった場合は、刑法で定められた刑罰のことだけを指している。

刑法第九条で規定された「刑の種類」は、重い順に、死刑・懲役・禁錮・罰金・拘留・科料の六種類だ。「罰金」よりも軽い「科料」は含まれているが、「反則金」は含まれていない。つまり、反則金は刑罰ではないということだ。行政処分は刑事処分と一線を画するものなので、支払いを命じるお金の呼び方も異なるのである。

ただし同じ交通違反でも、反則金ではなく罰金を科せられることはある。軽微な違反なら反則金で済むが、重大な違反になるとそうはいかない。

たとえばスピード違反の場合、一般道では時速三〇キロ未満、高速道路では時速四〇キロ未満の速度超過なら反則金だが、それ以上のスピードオーバーで捕まると「罰金刑」を科せられることになる。これは立派な刑事犯だ。したがって（略式命令になることが多いとはいえ）刑事裁判にかけられることになるし、有罪判決を受ければもちろん「前科者」だ。

さらに言っておけば、単なる駐車違反でさえ、必ず行政処分で済むわけではない。反則キップを切られても無視して逃げていると、最終的には起訴されて刑事裁判にかけられることもある。

事実、数年前には、狂言師でプロレスラー（？）の和泉元彌《いずみもとや》が駐車違反で逮捕されたことがあった。反則キップを切られたのに反則金を払わず、警察からの度重なる出頭要請を二年半にわたって無視していたのだ。逮捕後はすぐに罰金を払って釈放され、正式な刑事裁判にまではいたらなかったが、こういうこともあるから交通違反を甘く見てはいけない。

そもそも道路交通法は刑事法のひとつ（特別刑法）だから、それに違反すれば刑事裁判にかけられて刑罰を受ける可能性があるのは当然だ。むしろ反則金などの行政処分で済むほうが、道路交通法における特例的なケースだと考えるべきだろう。

このように、同じ法律の中に刑事罰と行政処分の規定が混在しているものは少なくない。前述した金融商品取引法（旧・証券取引法）もそうだ。村上ファンド事件は動いた金額や社会的影響が大きいので刑事裁判にかけられたが、もっとスケールの小さいインサイダー取引では、反則金ならぬ「課徴金」という行政処分で済むことが多い。

インサイダー取引をはじめとする金商法違反の場合、どちらの処分が妥当かを判断するのは、おおむね証券取引等監視委員会という金融庁に設置された組織だ。彼らがそれぞれの事案について調べた上で、刑事処分が必要だと考えれば検察庁に告発し、そこから正式な刑事手続きが始まることになる。行政処分で事足りると判断した場合は、まず金融庁に勧告が行われ、その上で課徴金などの処分が下されるのである。

## 「行政裁判」で訴えられるのは誰か

「行政上の責任」や「行政処分」といった法律用語を説明してきたが、行政に関する法律用語だと「行政裁判」や「行政訴訟」という言葉を聞いたこともあるだろう。テレビや新聞の報道で見聞きしたこともあるかもしれない。おそらく行政に関する裁判だろうということくらいは容易に想像がつくはずだ。

それでは「行政裁判」で訴えられるのは誰か？　と聞かれたら正しく答えられるだろうか？

本書をここまで読み進めてきた方なら、「刑事裁判」で訴えられるのは刑事処分を受ける刑事被告人、「民事裁判」で訴えられるのは民事責任を追及される被告だったから、「行政裁判」でも行政処分を受ける人、つまり民間人だと答えるかもしれない。

しかし、それは勘違いというものだ。たしかに、「刑事上の責任」「民事上の責任」「行政上の責任」といった三つの法的責任の内容が対応しているように、「刑事裁判」「民事裁判」「行政裁判」で訴えられる人も「法的責任を追及される人」で対応していればわかりやすいだろう。法律の専門家ではない人が、そういうものだと錯覚するのも無理はないと思う。

たが、行政裁判で訴えられる人は刑事裁判や民事裁判のそれとは違う。行政裁判では、行政が民間から訴えられるのだ。つまり、訴えられるのは「民」ではなく「官」なのだ。

どんなことで「官」が訴えられなければならないのか。行政裁判には、実はいろいろな種類があるのだが、いちばんわかりやすい例としては取消訴訟というものがある。取消訴訟とは、国や地方公共団体といった行政の処分などに不服がある場合に、その取り消しを求める訴訟をいう。行政裁判のなかではもっともメジャーな裁判だといってよいだろう。取消訴訟では、下された行政処分に対して民間が「ちょっと待った。その行政処分は勘弁してよ」と官を訴えるのである。

たとえば、国税当局から課された追徴金が不服の場合に課税された人が起こす課税処分取消訴訟がよい例だ。最近の話だと、消費者金融大手の「武富士」の武井保雄会長（故人）と妻が、平成一一年に長男に贈与した外国法人の株式に対して約一三三〇億円（！）もの追徴金を課税した処分について、長男が処分取り消しを求めた訴訟が記憶に新しい。その莫大な追徴金の金額に驚愕《きょうがく》し、記憶に刻まれている読者も多いだろう。武井会長の長男としては一〇〇〇億円超の巨額の支払いを国から求められてしまったのだから、たまったものではない。第一審の地裁判決では見事、追徴課税を取り消す勝訴判決を獲得できたのだが、続く控訴審では一転して国税当局による追徴課税を適法とする逆転敗訴判決が出てしまった。長男は現在上告しているので最高裁の判断が注目される。

この行政裁判は、国によっては、通常の裁判所で行わず、別に設けられた「行政裁判所」で取り扱うところもある。軍隊の違法行為を軍事裁判所で裁くようなものだ。日本も明治憲法下では行政裁判所が設置されていたが、現行憲法では廃止され、刑事事件や民事事件と同様、行政事件もふつうの裁判所で扱うことになった。

これは、行政訴訟を担う国家権力が「行政権」から「司法権」に移ったことを意味している。通常の裁判所が振るうのが司法権であるのに対して、行政裁判所は行政権の主体なのだ。立法・司法・行政がお互いの行動をチェックし合う「三権分立」の考え方に照らせば、戦前より戦後のやり方のほうがわかりやすいといえるだろう。

## 「官」が「官」を訴えることも可能

行政裁判は、基本的に「民」が提訴する裁判なので、行政訴訟は民事訴訟と同じような形式になる。訴えた「民」が原告、訴えられた「官」が被告だ。

といっても、役人個人や個々の官庁が訴えられるわけではない。被告となるのは、「国」や「県」といった行政府そのものである。先の追徴金の課税処分取消訴訟の場合なら、実質的に対立していたのは武井会長の長男と東京国税局だが、形式的には長男が「国を相手取って訴訟を起こした」ことになるわけだ。

また、稀に「官」が「官」を訴える裁判もある。昔、地方の役所が中央官僚をもてなすのが「官官接待」と呼ばれたことがあったが、それになぞらえれば「官官裁判」とでも呼べるかもしれない。

法律を正しく運用すべき役所が役所を訴えるのだからみっともない話だし、そんな裁判で税金を使われたのではたまらないという気もするが、たとえば一九九五年には、国が沖縄県知事を訴えたことがあった。当時の大田昌秀知事が、米軍用地強制使用への代理署名を拒否したためだ。

国は地方公共団体の首長などに職務の代行を求めることができるが、代理署名もそのひとつ。地方が国の意向どおりに職務を果たすことが前提となっているわけだが、沖縄の場合は基地問題をめぐる複雑な住民感情があり、このときは中央と地方が対立することになった。知事の拒否を受けて、中央政府は署名代行勧告などを行ったが、それも拒否されたので、職務執行命令訴訟を起こしたのである。最終的には原告である国側が勝訴し、署名代行を命じる判決が沖縄県知事に言い渡されている。

そういえば最近も、税制などをめぐって国と考え方が対立することの多い石原慎太郎東京都知事が、記者会見で「東京都として国を訴えたっていい。それができなければ個人としてやる」などと発言した。実際にやるかどうかは別にして、理論上は、「東京都対国」

という行政裁判を起こすのも可能なのである。

ところで、行政裁判とは別に、もうひとつ「官」を訴える裁判がある。国家に対して賠償を求める「国家賠償請求訴訟」だ。たとえば最近の話でいえば、薬害肝炎訴訟がある。薬害や水害などが起きたときに、被害者が国の管理責任を問い、救済を求めることが多い。

また、政治的な意図で国家賠償請求訴訟が起こされることもしばしばある。たとえば二〇〇五年の「小泉靖国参拝違憲訴訟」がそうだった。当時の小泉純一郎首相が靖国神社を参拝したことによって精神的苦痛を受けたという原告が、国に損害賠償を請求したのだ。この場合、「精神的苦痛」というのはいわば方便のようなもので、実質的には「首相の靖国参拝は憲法がさだめる政教分離の原則に違反している」という政治的主張を通すことが目的だといっていいだろう。賠償金よりも「違憲判決」を引き出すこと自体が狙いなのだ。

ちなみに、刑事には「刑事訴訟法」、民事には「民事訴訟法」があるように、行政裁判にもその手続きを定めた「行政事件訴訟法」という法律がある。武富士の追徴金の課税処分取消訴訟や沖縄県知事の職務執行命令訴訟はこの行政事件訴訟法が適用される。ただし日本の場合、先に挙げた国家賠償請求訴訟に関しては行政事件訴訟法を適用しないで、基本的に民事訴訟と同様に取り扱うのが慣例だ。損害賠償については、民間企業を訴えるのも国を訴えるのも、手続き的にはほぼ同じだと考えていいだろう。

## 過失を犯した公務員個人を訴えることはできるか

ところで、国家賠償請求訴訟は国や地方公共団体などを相手取って起こすことしかできないので、公務員個人の法的責任を問えないことに不満を持つ人もいるだろう。たとえば無実の罪で逮捕された人などは、ろくな証拠もなしに見込み捜査を行った「刑事さん」を個人として訴えたくなるに違いない。

しかし法律上、公務員が職務を行うにあたって他人に損害を加えたときは、国または地方公共団体が賠償責任を負うことになっている。もっとも、その公務員個人が何も「落とし前」をつけずに済むわけではない。国や地方公共団体は、その公務員に対して「求償権」を行使することができる。

求償権というのは、わかりやすくいえば「弁償させる権利」のこと。国や地方公共団体が被害者に賠償を行った上で、その賠償金の一部を、過失を犯した公務員個人に請求できるわけだ。要は「おまえのせいで賠償金を払わされたんだから責任を取れ」ということで、公務員個人を懲らしめる役目は、あくまでも本人が所属している役所に委ねられているのである。ただし、公務員は故意又は重大な過失がある場合にのみ責任が問われるだけで軽過失の場合は問われない。被害者は、裁判を通して間接的に懲らしめることしかできない。

ただし、それは国家賠償請求訴訟にかぎった話だ。刑法には公務員の犯罪を定めた条文もあるので、それに違反した場合は、その公務員個人を刑事裁判にかけることができる。

刑法で規定された公務員の犯罪のなかで、マスコミ報道などを通じてもっともよく見聞きするのは、収賄罪だろう。しかしこれは「被害者なき犯罪」とも呼ばれており、直接的な形で国民が損害を受けることはない。一般国民が被害者として刑事告訴することができるのは、公務員職権濫用罪、特別公務員職権濫用罪、特別公務員暴行陵虐罪、特別公務員職権濫用等致死傷罪といった犯罪だ。

ここで「特別公務員」とされているのは、「裁判、検察若しくは警察の職務を行う者又はこれらの職務を補助する者」や「法令により拘禁された者を看守し又は護送する者」のこと。職権濫用罪については前者のみ、暴行陵虐罪と職権濫用等致死傷罪については後者も含めて、特別な規定がある。要するに、刑事犯罪に関わる公務員に関しては、被疑者や被告人、服役囚などの人権を侵害しないよう、とくに厳しく職権の濫用を戒めているわけだ。あらかじめ刑法がそういう犯罪を想定しているということは、刑事関係の仕事をしている公務員はつい一線を越えてしまいがちな傾向があるともいえるだろう。

記憶に新しいところでは、鹿児島の冤罪事件にからんで特別公務員暴行陵虐罪が適用されたことがある。公職選挙法違反容疑で逮捕された被告人一二人全員が裁判で無罪となった事件だが、その冤罪を生んだ捜査の過程で、取り調べを行った警部補が被疑者に「踏み字」を強要したことが問題となったのだ。

報道によれば、この警部補は自供を得るために、被疑者の親や孫の名前のほか、「早く正直なじいちゃんになって」などと書いた紙を床に置いて、被疑者の足首をつかんで踏ませたのだという。これによって精神的苦痛を受けた被疑者は、まず国家賠償請求訴訟を提訴。そこで「踏み字」が違法捜査と認定されたことを受けて、すでに退職していた元警部補を特別公務員暴行陵虐容疑で鹿児島地検に告訴したのである。

その結果、元警部補は同容疑で在宅のまま起訴された。公判で被告人側は「踏み字」の強要は認めたものの、それは「暴行陵虐」ではなく「職権濫用」にしか当たらず、すでに公訴時効が成立していると主張している。公訴時効は重罪ほど期間が長く、したがって職権濫用罪のほうが暴行陵虐罪よりも早く時効が訪れるのだ。

　ともあれ、この一件を見てもわかるように、公務員がらみの事件では国家賠償請求訴訟と刑事訴訟が両立することもある。通常の刑事犯罪で、刑事裁判と民事裁判が並行して行われることがあるのと同じようなものだと思えばいいだろう。

　このように、ひとくちに「裁判」といってもさまざまな種類があり、ひとつの事件で複数の訴訟が行われたりもしているので、この世界は一般の人にはなかなかわかりにくい。ぼんやりとニュースを見ているだけだと、誰が誰に何を求めて裁判を起こしているのか判然としなくなることも多いと思う。

　しかし、ここまで述べてきた「三つの法的責任」を念頭に置いておけば、かなり物事が整理されて、それぞれの裁判の意味が理解できるようになるはずだ。それは、自分自身が裁判の当事者になったときにも、いろいろな面で役に立つに違いない。引き続き本書の後半では、誰の生活でも身近に起こる可能性のある問題を取り上げ、そこで発生する法的責任について具体的に説明していこうと思う。

# 第四章 ビジネスのトラブル

## ケース1【サービス残業】

### 未払いのサービス残業代は過去二年分しか請求できない

消費者金融の利用者が払う必要のないお金を払っていたのに対して、そこでは、もらえるはずのお金をもらっていない人々が山ほどいる。おそらく、過払い金のある多重債務者よりも、その人数は圧倒的に多いかもしれない。

もしかすると、あなたも会社勤めをしているならそれに該当するかもしれない。受け取る権利があるのに、多くの会社員が受け取っていないお金。それは、「残業代」である。

従業員を賃金なしで時間外に働かせる「サービス残業」は、言うまでもなく労働基準法違反だ。従業員が原告となって会社を相手に民事訴訟を起こし、その事実が認定されれば、過去二年分の未払い残業代について会社は当然それを支払わなければいけない。

そして、サービス残業が横行している会社はいくらでもある。新聞の社会面を見ていると、月に何回かは、企業が未払いの残業代を億単位で払わされたなどというニュースが報じられるものだ。

しかし、それは氷山の一角にすぎない。水面下に、膨大な数の案件が眠っている。残業代にかぎらず、未払いの賃金を請求する権利（退職手当を除く）は二年で時効を迎えてしまうので、長く勤務している人はすべてを取り戻せるわけではない。一〇年間サービス残業をしていたとしたら、八年分はすでに権利が消滅している。

しかし、たとえ二年分であっても、その金額はバカにならない。仮に時給換算で二〇〇〇円の賃金を得ている人が月平均二〇時間のサービス残業をしていたとしたら、支払われるべき残業代は二年間（二四ヶ月）で一二〇万円にもなる。会社側は、裁判の口頭弁論終結時までに、残業代を任意に支払わないと、さらに二年分の残業代と同額の「付加金」が加算され、その付加金には五パーセントの利息がついてくる。本来の残業代にも六パーセントの利息がつき、退職した場合にはさらに利息は上がり、一四・六パーセントの利息がついてくるのである。かなり多額になる。

また、現役社員は会社に居づらくなるので訴訟を起こしにくく、したがってサービス残業代は退職後に請求するケースが大半だが、大企業の場合はそれだけでも相当な件数になるだろう。たとえば、いまだに組織ぐるみでサービス残業をやっている大企業もあると聞くが、一年間に何百人もの社員が退職し、彼らが集団訴訟でも起こしたら、すさまじいインパクトがあるはずだ。

## 三つの「法的責任」が混在する労働基準法

しかも、過払い金を返しさえすれば許される消費者金融と違って、サービス残業をさせた会社が問われるのは、民事上の責任だけではない。経営者などが刑事上の責任を問われることもある。労働基準法には、違反に対する刑事罰を定めた条文があるからだ。

労基法違反に対しては、罪の重さに応じて「罰金三〇万円」から「懲役一〇年又は罰金三〇〇万円」までの刑罰が用意されている。残業手当について定めた第三七条に違反した場合は、「六ヶ月以下の懲役又は三〇万円以下の罰金」だ。

とはいえ、違反すれば必ずその刑を受けるというわけではない。実際には、未払い賃金を払えば片づくケースが大半である。しかし当局によって悪質だと判断された場合は刑事事件として告発され、経営者などが裁判で懲役刑を科されることもあるわけだ。これは会社にとって恐怖だろう。

さらに、労基法違反に対しては、行政指導や是正勧告よって、行政上の責任が問われることもある。本書の前半で説明してきた「三つの法的責任」が、すべて関わってくるのがこの分野なのだ。

懲役刑まであると聞くと、会社に警察が踏み込んでくる風景を想像する人もいるだろうが、労働事件の「捜査当局」は警察ではない。この場合は「捜査」ではなく「調査」という言葉を使うのだが、通報を受けてやって来るのは「労働基準監督署」である。

一般市民にはあまり縁のない存在だが、その筋では「ローキ（労基）」と呼ばれて恐れられているのが、この役所だ。強制的に立ち入り調査まで実施できる権限を持っており、逮捕権もある。したがって「会社にローキが入った」という場合、経営者や総務担当者などは、ふつうの人が「警察に踏み込まれた」ときと同じぐらい大きなショックを受けるに違いない。

労働基準監督署がサービス残業の調査に乗り出すきっかけは、その多くが内部告発である。残業の実態は基本的にその会社で働いている人間にしかわからないから、当然といえば当然だろう。

通報を受けた労基署は、会社のタイムカードや電話の通話記録などを調べて、時間外労働の実態を調べ上げる。そのあたりは、まさに警察の事件捜査を思わせるものだ。その結果、サービス残業があると認めれば、規定どおりの残業手当を支払うよう、会社側に是正勧告・指導を出すのである。

とくに、二〇〇一年に厚生労働省がサービス残業を規制する通達を出して以降は労基署による立ち入り調査が強化され、ここ数年、電力会社をはじめとする複数の企業が、数百人から数万人の従業員にサービス残業代を支払ってきた。東京電力などは、およそ二万六〇〇〇人に総額で七〇億円近い残業代を払っている。これは労基署の勧告にしたがったものだから、「行政上の責任」の追及を受けて支払いを行ったわけだ。そこで素直に責任を認めず、虚偽の報告やタイムカードの改竄など証拠隠滅を図ったりすると、場合によっては捜査機関が労基署を通じて逮捕権を行使し「刑事上の責任」を問うことになりかねないのである。

もちろん、訴訟によって「民事上の責任」を問うこともできる。退職した元社員が一括請求する場合などは、民事裁判に訴えるケースが多い。元社員が一人で請求するケースも少なくない。また、いきなり労基署に通報するのではなく、その可能性をちらつかせることで民事訴訟を有利に進められるという考え方もあるだろう。会社はとにかく「ローキ」が怖いので、膨大な人数の残業代を払わされるぐらいなら、一件の民事訴訟を早期解決させたほうが得策だと考えるわけだ。

いずれにしろ、民事で勝訴するためには、サービス残業の実態を明らかに示す証拠の存在が重要である。いずれ会社を辞めて提訴しようと思っている人は、なるべく詳しく勤務時間のメモを取っておくなど、記録を残すように心掛けたほうがいいだろう。われわれ弁護士にとっても、そのほうが仕事がしやすくなるのは言うまでもない。

## ケース2【過労死】

### 会社が従業員の安全や健康に配慮するのは雇用契約上の義務

時間外労働がからんだ労働事件は、サービス残業（賃金不払い残業）のほかにもある。いまや国際語として外国語の辞書にも載っている「過労死（karoshi）」の問題がそうだ。たとえ残業手当が正しく支払われていたとしても、長時間労働や休日出勤など過酷な労働を強いられた挙げ句に命を落としてしまったのでは、たまらない。

しかし現実に、働き盛りのビジネスマンが心筋梗塞や脳出血、クモ膜下出血といった心臓や脳の疾患によって突然死してしまうケースは、年々増えているようだ。うつ病をはじめとする心の病によって、自殺してしまう人も少なくない。

この場合、過重労働と病気のあいだに因果関係が認められれば、会社が法的責任を問われることは言うまでもないだろう。サービス残業と同様、(こちらは本人が死亡しているので原告は遺族になるが)会社を相手取って民事訴訟を起こすことができる。

ただし、そこで適用されるのは労働基準法ではなく、民法や労働契約法だ。

というのも、会社と従業員のあいだには「雇用契約」という契約関係が成立している。雇用契約のない雇用関係はない。そして雇用契約上、会社は従業員の安全や健康に配慮しなければならないという義務を負っている。会社の総務がうるさいぐらいに「健康診断を受けろ」と言うのも、その義務があるからだろう。過労死してしまうほどの過重労働を強いたとすれば、その義務を果たしたとはとてもいえない。契約によって生じた「債務」を果たしていないので、民法上の「債務不履行」に当たるわけだ。

したがって民事訴訟では、遺族が会社に対して損害賠償を請求するという形になる。交通事故で家族を奪われた遺族が加害者を訴えるのと同じ構図である。人の命が失われているのだから、賠償額も大きい。億単位の請求額になるのがほとんどだ。

だが、交通事故と違って、過労死は過重労働との因果関係を立証するのが難しい。車に轢かれた場合はその場で即死する、または受傷することが多いので、明らかに事故が原因だとわかるが、過労死の場合、勤務中に会社のデスクで絶命することは少ないだろう。実際、激務から解放された数ヶ月後に死亡するケースも少なくないという。

しかも心筋梗塞や脳出血などの病気は過重労働だけが原因とはかぎらず、生活習慣による部分も大きい。何が病気の原因か特定するのは困難だし、そもそもひとつに限定できる種類のものでもないだろう。訴えられた会社側にも、「長時間労働で病気になった、死亡したとは断定できない」と反論する余地が大いにあるわけだ。

したがって、たとえ本当に過重労働を強いられていたとしても、その一方で飲酒量や喫煙量も多かったという事実が明らかになったりすると、「過失相殺」によって賠償額が減額されることもある。「おおむね過重労働が病気の原因だが、本人の健康管理にも何割か責任があるから、すべて会社の責任とはいえない」ということだ。

## 労基署から最高裁まで最大六回のジャッジを受ける労災認定

ところで、過労死と業務の因果関係が法廷で争われるのは、実は民事裁判だけではない。遺族が国を相手取って行政訴訟を起こすこともある。無論、民間企業の従業員に国が過重労働をさせるわけはないので、そこで原告が求めるのは国家賠償ではない。労働災害の認定である。前章で、行政訴訟には「行政処分に対する不服申し立て」として起こされるものがあると述べたが、これはそのタイプだ。

家族が過労死したと思われる場合、通常その遺族は労働基準監督署に労災の給付を申請する。しかし、死亡と業務の因果関係が立証しにくいのは民事裁判と同じだ。厚生労働省の労災認定基準には心臓や脳の疾患も含まれているが、それによる過労死が労働災害として認められるのは、申請された一〇件のうち一件程度にすぎない。九割方が不認定となるため、その行政処分を不服とした遺族が行政裁判に持ち込むことが多いのだ。

とはいえ、すぐに裁判になるわけではない。労基署が労災を認定しなかった場合、まずは都道府県労働局の労働保険審査官に審査請求を行い、それでも認定されなければ、次に厚生労働大臣が所轄する労働保険審査会に再審査を請求する。末端の労基署から都道府県、さらに中央官庁まで、会社で稟議《りんぎ》書を回すようにひとつひとつステップを踏んでいかなければいけないのだ。

そして、厚生労働省まで行ってもダメだとなったときに、ようやく「労災保険の不支給決定」という行政処分の取り消しを求めて行政訴訟を起こせることになる。「首相の靖国参拝は精神的苦痛だ」というだけで起こせる国家賠償請求訴訟と比べて、手続きのハード

ルがやけに多いのだ。それだけ、役所の処分を覆すのは楽ではないということだろう。その上、裁判が地裁、高裁、最高裁まで行ったとしたら、合計六回も「労災か否か」というジャッジを仰ぐことになる。時間も労力も相当に費やすことになるので、訴える遺族のほうまで過労で倒れてしまいそうだ。会社を相手取った民事訴訟のほうも長引く傾向があるので、いずれにしても過労死裁判は遺族の負担が大きいといえるだろう。

しかし最近は過労死の増加を受けて、労災認定基準も見直されている。二〇〇一年の改正では、心臓や脳の病気が発症するまでのおおむね六ヶ月間といった長期間の過重業務で蓄積された疲労も考慮に入れられることになった。また、うつ病による過労死も労災認定されるようになっている。

とはいえ、心筋梗塞や脳出血などの病気と同様、うつ病も原因の特定は容易ではないので、そう簡単に労災認定されるものではない。民事裁判で会社と争うにしろ、行政裁判で国と争うにしろ、本人の書いた遺書や日記、あるいは手紙やメールなどが、過重労働こそがうつ病の原因であることを示す証拠として重視されることもある。

そこに会社への恨みつらみが書かれていれば、原告側に有利に働くだろう。しかし、家族との不和や不倫のような仕事と関係のない悩みが書かれていたりすると、逆に原告側が不利になるおそれもある。できれば、家族のためになるような「過労死の証拠」を残しておきたいものだ。もっとも、うつ病になってしまうと、自分が死んだ後のことまで考える余裕はないのかもしれないが。

## ケース3【不当解雇】

### クビ切りに求められる「コンプライアンス」の精神とは

中高年ビジネスマンの自殺といえば、会社によるリストラも大きな要因のひとつである。わが国では、一九九八年から二〇〇六年まで九年連続で年間自殺者数が三万人を超えるという事態になっているが、不況によるリストラがその数字を押し上げていることは間違いないだろう。会社を不本意な形で去らざるを得ない人々が、経済苦やうつ病によって、自ら命を絶っているのだ。

しかし、たとえ本人にとって不本意な解雇であっても、それが必ずしも法的な意味の「不当解雇」だとはかぎらない。長年にわたって会社に尽くしてきたベテラン社員を追い出せば「道義的責任」は問われるかもしれないが、そこで会社に「法的責任」を問えるかどうかは別問題だ。会社のほうも、法律に触れないギリギリのやり方で辞めてもらうために知恵を絞っていることも少なくないからである。

不当解雇については、法的責任が発生する可能性がある。まず思い当たるのが労働基準監督署による指導や勧告だ。法律で明文化された解雇要件を明らかに満たしていない場合、労基署から解雇の撤回を求められるなど行政指導もなされることがある。行政指導には強制力はないため行政処分でない。

しかし、明らかに法律に違反していると認められる不当解雇は少なく、ほとんどは退職勧奨の「程度問題」、解雇の相当性といった微妙な判断が争われるため、会社が労基署から行政指導を受けるのはレアケースだ。実際には、解雇された側が会社を相手に訴訟を起こし、民事上の責任を問うケースが多い。民事裁判の法廷で、原告と被告が、会社の「辞めさせ方」が正当か不当かを主張し合うわけだ。

ただ、そこで裁判所が「不当解雇」と認め、会社側が敗訴したとしても、いったんクビになった元社員が復職することはほとんどない。よほど図太い神経の持ち主なら別だが、ふつうは訴訟まで起こした会社には戻りづらいというのが人情だろう。したがって、会社が損害賠償金や未払い賃金、割増退職金などを支払い、金銭的に解決するのが一般的な決着のつけ方となっている。

企業が不祥事を起こしたとき、マスコミではよく「コンプライアンス（法令遵守）」の不徹底が指摘される。だが、コンプライアンスの意識が強い会社だからといって、道徳的な意味で誠実だということにはならない。法律を守っていても、周囲からは決して褒められない行動というものが、人間の社会にはいくらでもある。

たとえば暴力団の民事介入暴力にしても、法を大幅に踏み外すことのないようにある意味で「コンプライアンス」の徹底を心掛けているともいえるだろう。警察に介入されないギリギリの範囲で、会社が社員に「コンプライアンスを徹底しろ」という場合も、そこには「法的責任だけは問われないようにうまくやれ」というニュアンスが含まれていることも少なくない。

実際、われわれ弁護士のところには、会社をクビになった人が相談に来る一方で、「社員をクビにしたいがどうすればいいか」という会社の経営者や人事担当者が相談に来ることもある。追い出される側にしてみれば、「弁護士がそんなアドバイスをするなんておかしい」と言いたくなるだろう。

しかし解雇がらみの案件というのは、クビになる社員に同情できるようなケースばかりではない。遅刻や無断欠勤、あるいは取引先とのトラブルなどが絶えず、社内の同僚からも「なんであんな奴がクビにならないんだ」と疎まれている不良社員が、ある程度の規模の会社であればどこの会社にもいるものだ。

そういう社員でも、法律で定められた解雇要件を満たさない乱暴なやり方でクビにしてしまうと、会社が不当解雇で訴えられるおそれがある。だから慎重にならざるを得ないわけで、会社のほうにも同情できる部分がないではない。

解雇処分は、不良社員に対して会社が突きつける、最後の切り札のようなものである。「使えない」からといっていきなりクビを申し渡せば、不当解雇として法的責任を問われる可能性が高い。最後通告をする前に、それなりの段階を踏むことが必要だ。まずは配置転換をするなどして様子を見て、そこでも態度が改まらないようなら、戒告処分、減給、出勤停止など徐々に重い懲戒処分を科していく。そうやって厳しく指導した上で、どうしてもダメだとなったときに、ようやく解雇が妥当な処分として適法に認められるのだ。

## 退職勧奨の不当性が民事裁判で争われる

ただし、会社からの解雇処分という形を取らずに辞めてもらうなら、そういう段階を踏む必要はない。世の中で「クビ」と呼ばれている案件の大半はこちらだろう。会社が解雇したのではなく、本人の自己都合で退職したという形に持ち込むわけだ。われわれ弁護士も、会社側から相談を受けたときには、「必ず本人から退職届をもらってください」とアドバイスすることも多い。

しかし何も会社が働きかけていないのに、辞めてほしいと願っている社員が辞表を書いてくれるなどという都合のいいことは起こらない。本人が自分から退職を申し出るように促す必要がある。強制的に「クビだ！」と言いつけるのではなく、「うちの会社とはあまり相性が良くないのではないか」「もっと適性のある仕事を探したほうがいい」といった具合に、やんわりと退職を勧めるわけだ。

よく「肩たたき」と呼ばれるのがこれで、中高年のリストラも、早期退職制度などを用意して自分から辞めるように促すケースが大半だろう。こうした「退職勧奨」は法的にも認められており、それだけで不当解雇になることはない。

とはいえ、退職勧奨も、やり方によっては法的な不当性が生じることがある。度が過ぎると退職強要と言われる。どこまでが正当でどこからが不当かについては、明確な線引きがあるわけではない。いわゆる「社会通念」に照らして判断されることなので、その境界線は曖昧だ。

会社としては、あまりにも執拗に退職を勧めたり、嫌がらせのような処遇をして精神的に追い詰めたりした場合は、いわゆる退職強要に該当する不法行為として訴訟を起こされる可能性が出てくると考えるべきだろう。それこそ、退職勧奨を受けた社員がうつ病になって辞めたりした場合、法的責任を追及されるおそれも高い。

## ケース4【副業】

### 「誠実」と「精力分散防止」は従業員の義務

会社と従業員の雇用契約は、どちらかといえば雇われる側にとって有利な内容になっていると考えていいだろう。

たとえば雇用関係の解消にしても、会社は気に入らない社員を簡単にはクビにできないのに対して、社員は気に入らない会社を簡単に辞めることができる。事前告知の期間（通常は退職の二週間前〜一ヶ月前）は会社ごとに就業規則で決められているが、それさえ守れば、自分の都合で退社しても「不当辞職」で会社から訴えられることはない。さらにい

う と、法的には二週間前に事前告知さえすれば就業規則により長期の事前告知期間（例：一ヶ月前）と書かれていても二週間後に適法に退職できるのである。基本的に雇われている人間のほうが立場が弱いので、それも当然だろう。

しかし、いまは多くの会社が人材難に悩んでおり、優秀な社員をライバル会社に引き抜かれれば大損害を被ることもあるので、経営者としては辛いところだ。その社員が持っている知識やノウハウなどの情報も一緒に流出することを考えれば、損害賠償を求めたくなることもあるだろうと思う。

ともあれ、雇用契約上の義務は会社側のほうが重い。そもそも労働基準法などの法律自体が労働者の権利を守ることを主眼としているので、法律を踏まえた契約もそれと同じ傾向を持つことになるわけだ。

とはいえ、従業員が権利ばかり主張できるというわけでもない。長期にわたって無断欠勤を続けたりすれば、解雇されても文句を言えないのは当然だ。また、会社に忠誠を尽くす義務もある。「誠実義務」と呼ばれるもので、信義則上、従業員には事業者の利益を不当に侵さないよう行動する義務が課せられているのだ。それこそ転職してライバル企業に企業秘密を渡したりすれば、前の会社に対する誠実義務を踏みにじったことになり、訴えられることになりかねない。刑事上の責任を追及される場合すらある。

とくに、この「誠実義務」に引っかかって処分の対象になりやすいのは、いわゆる「副業」だろう。誠実義務に加えて、雇用契約では、従業員に「精力分散防止義務」というものも課している。エネルギーをあちこちに分散させず、会社での仕事に集中させなければいけないということだ。この二つの義務によって、副業が原則として禁じられていると考えることができるだろう。

しかし一方で、憲法はあらゆる個人に「職業選択の自由」を保障している。どんな仕事を選ぼうが個人の自由ということで、選ぶ仕事はひとつとはかぎらない。

したがって、あらゆる副業が絶対に許されないということにはならない。誠実義務や精力分散防止義務に反しない（要するに会社に迷惑をかけない）範囲であれば、会社の仕事以外でお金を稼いでもかまわないとされている。もちろん、別の会社でも正社員として雇われているとか、勤務中に会社のパソコンで株取引などしているようなケースは論外だが、たとえば会社の業務に支障をきたさない範囲で休日を使って別の仕事をするぐらいのことなら、通常は「不誠実」でも「精力分散」でもないだろう。

微妙なのは、女子社員が「夜のお仕事」をしているようなケースである。実際、会社の終業後にクラブやバーで働いている女性には、副業禁止規定に違反しているという自覚があるため、客に昼間の仕事を聞かれても絶対に教えないという人が多い。

だが、これも一律に「不可」というわけではなく、基本的には程度問題だ。深夜まで働いているせいで寝不足になり、（たとえば会社の机で居眠りをする、凡ミスを連発するなど）昼間の業務に明らかな支障が出ているようだと、契約違反レベルの「精力分散」と言われても仕方ないだろう。

また、昼間の仕事に支障は出ていなくても、会社のイメージダウンを招くような副業にはクレームがつく可能性がある。たとえばメーカーの広報課に勤めている女性が「夜のお仕事」をしていれば、昼間の業務で顔を合わせるマスコミ関係者などに店でバッタリ鉢合わせすることもあるだろう。その場合、そういう副業をしていることが、社内だけでなく社外にもバレることになる。これは会社の信用を落としかねないので、「誠実義務」に反すると判断されてもやむを得ないのではないだろうか。

もちろん、副業が発覚したからといって即刻クビになる可能性は低い。まずは戒告や出勤停止や減給などの懲戒処分が下されるはずだ。しかし、それでもやめなければ解雇もあり得る。いずれにしろ、従業員も雇用契約の当事者である以上、会社に対して民事上の責任を負っていることを忘れてはいけない。

## ケース5【インサイダー取引】

### NHK職員の不祥事でさらなる厳罰化も?

二〇〇八年一月に、NHK職員のとんでもない「副業」が発覚した。報道局の記者など三人が、インサイダー取引の疑いで証券取引等監視委員会の調査を受けていたのだ。総務相の指示もあって、NHKでは一万人を超える全職員の株取引について調査することになった。

副業は必ずしも雇用契約に違反するわけではないというのは、先述したとおりだ。しかし、雇用契約に違反していなければ何をやってもいいというわけではないのは当然だろう。副業だろうが本業だろうが、インサイダー取引は刑事罰の対象にもなり得る重大な違法行為である。

インサイダー取引(内部者取引)とは、広い意味では「会社の内部者が行う自社株の取引」のことだから、それがすべて違法というわけではない。自分の会社の株を売ったり買ったりすること自体は、ごく当たり前の取引だ。

だが、株価を左右するような重要情報にアクセスできる内部者が、その情報が公表される前に株の売買をしたとなると、話は違ってくる。入学試験や司法試験の受験者が事前に出題内容を知っていたのと同じで、フェアではない。一般的には、そういう情報を利用して不当に利益を得ようとする株取引のことを「インサイダー取引」と呼んでいる。

インサイダーというと、その会社に勤務している人間のことだけを指すような印象もあるが、この場合、取引されるのは「自社株」とはかぎらない。村上ファンドやNHK職員がそうだったように、よその会社の株を売買していても、公表前の重要情報を知っていれば「インサイダー」だ。

村上ファンドの場合は、ニッポン放送株の買い占め計画をライブドア関係者から聞いていたとされている。NHK職員のほうは、外食産業の合併にまつわる特ダネを放送前に見ていた。どちらも一般投資家にはアクセスできない情報にアクセスできる立場にあったから、「内部者」と見なされるのである。

したがって、企業の取材を仕事にしているマスコミ関係者はインサイダーになりやすく、事実これまでにも新聞記者などがインサイダー取引に手を染めることはあった。ただし、重要情報を伝えるニュースが放送・掲載される前に株取引を行えば必ずインサイダー取引になるかというと、そんなことはない。

金融商品取引法（旧・証券取引法）では、上場会社の代表取締役またはその受任者が、二つ以上の報道機関に重要事実を公開してから一二時間が経過する前に、内部者がその会社の株を売買することを禁じている。これは「一二時間ルール」と呼ばれるもので、たとえば複数の報道機関が集まる記者会見で発表したのであれば、テレビのニュースや新聞記事になる前でも、一二時間を過ぎていればOKなのだ。NHK職員の場合、それが「特ダネ」だった（つまりNHKしか重要事実を握っていなかった）から、「公表前」と判断されるのである。

それ以外にも、金商法では「重要事実が証券取引所のインターネットサイト上に掲載される前」と「重要事実の記載のある有価証券報告書などが公衆の縦覧に供される前」を「公表前」と規定している。そういった形で情報が一般投資家に共有される前に取引を行うと、「フライング」と見なされるわけだ。

もちろん、重要情報にアクセスして「魔が差す」可能性があるのは、マスコミ関係者だけではない。どんな業界であれ、取引先の業績や合併話などを発表前に耳にしてしまうことはあるだろう。株取引をすればほぼ確実に利益が出ると見込める話も多いから、誘惑に抗《あらが》うのは大変だ。

われわれ弁護士も例外ではない。企業の顧問弁護士などをやっていれば、M&A情報などには日常的に接することになる。実際、数年前には、仕事を通じて知り得たインサイダー情報を愛人に教え、株を売買させたことが発覚して捕まった弁護士もいた。大手の弁護士事務所のなかには、報道機関と同様、所属弁護士に「株取引は絶対にするな」と通達しているところもある。

前述したとおり、インサイダー取引は必ず刑事罰を受けるわけではなく、課徴金の納付などの行政処分で済むことも多い。村上ファンドは起訴されて刑事上の責任を問われたが、NHK職員のほうは、二〇〇八年三月に証券取引等監視委員会による課徴金納付命令勧告を経て、金融庁による課徴金納付命令という形で、行政上の責任が問われることになった。課徴金は三人で合計四九万円だった。

これまでは摘発件数が少なく、監視の目から逃れて「やり得」になるケースも多かったように思われるインサイダー取引だが、このNHKの事件をきっかけに、行政側がよりいっそう厳しく取り締まるようになる可能性もある。さらなる厳罰化が進み、刑事責任のハードルも下げられるかもしれない。いずれにしろ、誘惑に負けない心の強さを持ちたいものである。

## ケース6 【談合】

### 刑法は個人だけ、独禁法は法人も処罰できる

会社に所属して働いている人は、その組織に忠誠心を持たなければいけない。雇用契約でも「誠実義務」が課せられていることは、前述したとおりだ。だが、その会社が組織ぐるみで違法行為を犯すこともある。これだけ「コンプライアンス」の重要性が声高に語られるということは、それだけ遵法精神に欠ける会社が多いということにほかならない。そういう会社に対して「誠実」であろうとするなら、自分も犯罪に加担せざるを得ないという理屈になるわけだ。

そういう複雑な立場に置かれている組織人は、世の中に大勢いるだろう。常識的に考えれば、社会的な正義を貫き、会社の違法行為には断固として手を貸さないというのが当然だ。しかし実際に組織の内部にいると、そう簡単には割り切れない。「組織の論理」に歯

向かえば会社にいづらくなるし、そのせいで会社の業績が悪化すれば自分の生活にも影響が出る。だからこそ、さまざまな業界で続出する「偽装問題」をはじめ、企業の不祥事が跡を絶たないのだろう。たいがいの不祥事が内部告発によって発覚するのを見れば、会社の違法行為を社員が知りつつ加担していることは明らかだ。

そんな「会社の犯罪」の中でも、「談合」は日本の企業社会で昔から脈々と続いている代表選手のようなものである。多くの会社に実質的な「談合担当者」がいて、業界内で入札価格などについて緊密に連絡を取り合いながら公共事業の落札業者を決めているのだから、そこには罪の意識などほとんどない。少なくとも社内では、ほぼ「正当な業務」として認識されているわけだ。

しかし言うまでもなく、談合は立派な犯罪である。ただ、この違法行為に適用される法律が二つあることは、意外に知らない人が多いかもしれない。刑法の「談合罪」（第九六条の三）と、独占禁止法の「不当な取引制限の罪」（第八九条）だ。前者は基本的に警察や検察、後者は公正取引委員会が摘発する。独禁法違反のほうは、公取委の告発がなければ検察が起訴することができない。

両者のもっとも大きな違いは、刑法が談合行為をした個人にしか刑罰を科せられないのに対して、独禁法は法人に対して罰金刑（五億円以下）を科せられるという点だろう。たとえば二〇〇六年に福島、和歌山、宮崎で発生した県発注工事に関わる談合事件では、各県の知事が刑法の談合罪や収賄罪の容疑で逮捕された。知事個人の刑事責任は、刑法で問えるわけだ。

## 最初に自首した企業は課徴金ゼロ

また、刑法の談合罪が適用された場合、処分の内容は当然ながら刑事罰しかあり得ないが、独禁法が適用された場合は、公取委が検察に告発せずに行政処分（課徴金）で済ませることもある。近年、独禁法の改正によって、談合などの違反に対する罰則や課徴金は以前よりも厳しいものになった。

しかし一方で、企業の出方によっては課徴金を減免する制度も導入されている。談合を行ったことを自首して公取委の調査に協力した場合、一番目に申告した企業は課徴金全額免除、二番目の企業は五〇パーセント減額、三番目の企業は三〇パーセント減額されるのだ。ただし以上の減免措置は、公取委が調査を開始する前に自首した場合だけ。調査開始以降に申告した場合は、順番に関係なく（三つの事業者まで）一律三〇パーセントの減額となっている。

法律に違反したのに「お咎めなし」というのは納得できない人もいるだろう。だが、課徴金は減免されても、排除措置命令や指名停止処分といった行政処分は、自首した企業にも下される。また、この制度は談合という習慣そのものをなくすことを目的とした、一種の司法的な取引だと考えるべきだろう。談合は複数の関係者が口裏を合わせ、証拠隠滅を図ることが多いので、当局による摘発が難しい。そこで企業が自首しやすい制度を用意し、その処分を減免してでも、談合をしにくい社会状況を作ることを優先したわけだ。

いままでは固く団結していた業界も、いつ誰が抜け駆けして自首するかわからないとなれば、疑心暗鬼が生じて信頼関係が揺らぐだろう。実際、この制度が導入されて以降は、公共事業の入札価格が下がったという報告もある。それだけ税金の無駄遣いが減るということだ。今後ますます、納税者に対して「誠実」な競争が増えることを望みたい。

# 第五章　日常生活のトラブル

## ケース1【交通事故】

### 青キップは行政処分、赤キップは刑事処分

一般市民を巻き込む法的トラブルのなかでも、もっとも身近で起こりやすいのは、やはり交通事故だろう。これは誰もが被害者になる可能性があるし、運転免許を持っていれば、いつ加害者になってしまうかわからない。しかも加害者になった場合、刑事、民事、行政という三つの法的責任をすべて問われることになる。

もちろん駐車違反やスピード違反など、人身事故を伴わない道路交通法違反の場合は「加害者」ではなく、被害者がいないので民事責任は発生しない。だが、それでも行政処分だけでは済まず、刑事罰を科せられることはある。後者の場合は、人をはねたわけではなくても「前科者」だ。

受けるのが行政処分か刑事処分かは、切られるのが「青キップ」か「赤キップ」かによって決まる。交通違反は種類ごとに「点数」が決められており、程度が重いほど点数も多い。その点数が一～三点なら青キップ、六点以上なら赤キップだ（四点と五点に相当する

違反はないので、必ずどちらかに該当する)。そして、赤キップを切られた場合は裁判所への出頭を求められ、刑事処分を受けるのである。

ちなみに「青キップ」(つまり行政処分)で済むのは、超過速度時速三〇キロ未満(高速道路では時速四〇キロ未満)のスピード違反、信号無視、一時不停止、駐車違反、安全運転義務違反(前方不注意や脇見運転など)、座席ベルト装着義務違反など。第三章で述べたとおり、これらの違反でも反則金を払わずに逃げていると刑事処分の対象になることもある。

一方、酒酔い運転や麻薬等運転、共同危険行為等禁止違反(いわゆる暴走行為)、無免許運転、酒気帯び運転、時速三〇キロ以上(高速道路では時速四〇キロ以上)の速度超過などは、いずれも六点以上の赤キップ。これは、刑事罰の対象となるだけではない。六点以上は前歴の有無にかかわらず免許停止や免許取消の対象となる。つまり刑事処分と行政処分をダブルで受けることになるわけだ。

さらに、これらの交通違反を犯して人身事故を起こした場合は、違反による点数に「交通事故付加点数」が加算される。もっとも軽いのは全治一五日未満の軽傷事故で、加害者の責任が軽ければ二点、重ければ三点。もっとも重いのは死亡事故で、責任が軽ければ一三点、重ければ二〇点だ。たとえ付加点数が二点だったとしても、事故を起こした運転者は信号無視や前方不注意などの違反を同時に犯しているので、ほとんどのケースで合計が六点を超えるだろう。つまり人身事故を起こせば、ほぼ間違いなく免許停止などの行政処分を受けることになるのである。

## 「飲酒運転」で捕まるより「ひき逃げ」したほうが得？

その上で、刑事責任と民事責任も発生する。この場合、民事責任のほうは被害者による損害賠償請求訴訟という形になるので、とくに説明は不要だろう。

一方、刑事裁判で適用されるのは道交法ではなく、基本的には刑法だ。多くは自動車運転過失致死傷罪容疑で逮捕・起訴されるが、あまりに悪質なケースに対しては危険運転致死傷罪が適用される。前者が「過失犯」であるのに対して、後者は「準故意犯」となっているから、それだけ刑罰は重い。

よく知られているように、福岡の三児死亡事故（福岡市職員に追突された車が博多湾に転落した事故）では、どちらを適用すべきかが法廷で争われた。福岡地検は危険運転致死傷罪で起訴したが、地裁は「アルコールの影響で正常な運転が困難な状態」だったとは見なせないと判断し、予備的訴因として業務上過失致死傷罪を追加するよう命令。そうしないと、危険運転致死傷罪が認められなかった場合に、被告に無罪判決を言い渡さざるを得ないからだ。

というのも、裁判所は検察の起訴状に基づいて審理を行うので、起訴されていない罪状で被告人を裁くことはできない。危険運転致死傷罪と業務上過失致死傷罪は、常識的には同じ出来事に別の名前をつけただけのものだが、法的にはまったく別の案件になってしまうのだ。検察が裁判所の命令に従った結果、一審では業務上過失致死傷罪が適用されたが、検察側はその判決に事実誤認があるとして、あくまでも危険運転致死傷罪を適用させるために控訴している。

ところで、この事件の加害者は、「飲酒運転」や「脇見運転」のほかに「ひき逃げ」も犯している。これは道路交通法で定められた「負傷者救護義務」に違反する行為だ。実は以前、飲酒運転で人身事故を起こした場合は「逃げたほうが得」というおかしな状態が放置されていたことがあった。「飲酒運転＋危険運転致死傷」よりも、「負傷者救護義務違反＋業務上過失致死傷」のほうが、科せられる刑罰が軽かったのだ。これでは、すぐに処置すれば命が助かるはずの被害者が助からないという事態を招いてしまう。

したがって現在は法改正によって救護義務違反の法定刑が加重され「逃げ得」は緩和されたが、まだなお逃げ得状態が残っている。福岡の事件では、加害者が事故を起こしたことを知りながら逃げ、その間に大量の水を飲むなどして飲酒運転の証拠隠滅を図ったと言われている（少なくとも検察側はそう主張している）。この件にかぎらず、危険運転致死傷罪の新設によって飲酒運転の厳罰化が図られたことで、その罪を逃れるためにひき逃げが増加していると指摘する人も少なくない。飲酒運転には「時間が経つと証拠が消える」というよりいっそうの性質があるので、このような問題が起きるわけだ。今後は、ひき逃げ事件の厳罰化も検討されるかもしれない。

## ケース2【暴行・傷害】

### 身体に接触しなくても「暴行」は成立する

人間同士の争いごとを解決する上で、もっとも原始的かつシンプルな手段は「暴力」だろう。法律のない世界なら、腕力の強い者ほど自分の主張を通せるに違いない。

しかし、われわれの住んでいる社会には法律があるので、これはもちろん犯罪だ。たとえば夜の街や電車の中などで他人と罵《のの》り合いになり、相手を殴ったり蹴ったりすれば、刑法の暴行罪や傷害罪に該当する。それによって相手に損害を与えれば、損害賠償請求という形で民事上の責任を問われることもあるだろう。

「暴行」と「傷害」の違いは、簡単にいえば「怪我をさせたかどうか」である。したがって当然、暴行罪より傷害罪のほうが刑は重い。

拳骨《げんこつ》で殴ったり、靴の爪先で蹴り上げたりすれば、最低でも打撲程度の怪我は負わせることになるのだから、「傷害」にならない単なる「暴行」は少ないと思う人もいるだろう。しかし、人の身体に対して物理的な力（有形力）を行使すれば法的には「暴行」と見なされるので、怪我の伴わない暴行はいくらでもある。

たとえば、無理やり連行しようとして着ている洋服を引っ張ったり、追い払うためにホースで水をかけたりするのも「暴行」だ。判例では、「お清め」と称して塩をかける行為が暴行罪と認定されたこともある。単純そうに見える犯罪だが、法的に細かいところを争うと、意外と複雑な話になるのだ。

たとえば、相手との「身体的な接触」がなくても暴行罪が成立するかどうかというのも、この問題で議論されるテーマのひとつである。接触しなければ身体に対する「有形力」は行使できないようにも思えるが、そうだとすると、パンチやキック（あるいは振り回された刃物など）を相手が避けた場合、暴行罪が成立しないことになってしまう。暴行には「未遂罪」がないので、何の罪にも問えなくなってしまう。

しかし実際には、身体接触がなくても暴行罪や傷害罪が成立するとされている。だからこそ、「騒音おばさん」は傷害罪で逮捕されたし、「怒鳴り声」が凶器として認定されたりもするのである。

世の中には、誰もが「あんな奴は殴られて当然だ」と思うような人間もいないわけではないが、法律の世界には「自力救済の禁止」という原則があるので、たとえば電車内でマナーの悪い若者を見かねて鉄拳制裁を加えれば、相手に刑事告訴されても文句は言えない。悪事の「落とし前」は、あくまでも刑事や民事など法的な手続きを踏まえてつけさせなければいけないのだ。

ただし、マナーの悪い若者に「やめなさい」と口頭で注意して、腹を立てた相手が殴りかかってきたら、殴り返しても「正当防衛」が認められる可能性はあるだろう。やりすぎると「過剰防衛」として暴行罪や傷害罪に問われるので気をつけなければいけないが、どこまでを「正当防衛」と認めるかというのも、ケースによってさまざまだ。二〇〇七年には、男に車で連れ去られた少女が逃げるために相手を刺し殺してしまった事件で、正当防衛が認められている。

## ケース3 【痴漢・強姦】

### 下着の「外側」と「内側」では罪状が違う

そのニュースを新聞で見ない日はないと思えるぐらい、最近は電車内での痴漢事件が多い。女性が強くなり、泣き寝入りせず警察に突き出すケースが増えたために、これまで隠れていたものが表沙汰になっているという面もあるだろう。その結果、被害者の勘違いによる冤罪事件もしばしば起こっている。いずれにしろ、人生をめちゃくちゃにしかねないので、男性としては気をつけたいものだ。

痴漢行為はもちろん刑事罰の対象になるが、刑法で「痴漢罪」というものが規定されているわけではない。刑法上の罪名は「強制わいせつ罪」である。

条文では「一三歳以上の男女に対し、暴行又は脅迫を用いてわいせつな行為をした者」「一三歳未満の男女に対し、わいせつな行為をした者」が強制わいせつ罪、「人の心神喪失若しくは抗拒不能に乗じ、又は心神を喪失させ、若しくは抗拒不能にさせて、わいせつな行為をした者」が準強制わいせつ罪となっているから、該当するのは電車内での「お触り」だけではない。

ただし、すべての痴漢行為が刑法の強制わいせつ罪で立件されるということでもない。程度の軽い痴漢に対しては、各都道府県が定めている「迷惑防止条例」が適用される。処罰内容は刑法よりも軽いが、懲役刑や罰金刑もあるから、これも立派な刑事法だ。

どの程度の痴漢なら迷惑防止条例で済むのかというのはきわめて微妙な問題だが、一般的には、「下着」の外側なら迷惑防止条例、内側なら強制わいせつということになっている。世間の常識と合致しているかどうかはわからないが、少なくとも、われわれ法曹関係者にとってはそれが「常識」だ。要するに、着衣の上から触っただけなら強制わいせつとまではいえないだろう、ということである。

もっとも、痴漢の状況にもいろいろあるので、これも細かいことを考え出すとキリがない。たとえば、本人は下着の上から触ろうと思ってスカートの中に手を入れたのに、被害者が下着をはいていなかったので「内側」に触ってしまった？　といったケースもあり得るだろう。「犯意」としては迷惑防止条例違反だったのが、結果的に強制わいせつになったわけだ。

　もし検察が強制わいせつ罪で起訴したら、被告人・弁護側は「そんなつもりではなかった」と反論するかもしれない。そんな判例は見たことがないので、裁判所がどう判断するかわからないが、スカートの「内側」に手を入れていることは間違いないので、強制わいせつ罪が適用される可能性が高いのではないだろうか。

　また、痴漢行為は被害者が損害賠償を請求することで民事上の責任も問われるが、その重さも、迷惑防止条例違反か刑法違反かによって違ってくる。強制わいせつ罪のほうが被害者の受ける「精神的苦痛」が大きいと判断され、賠償額が大きくなることは言うまでもない。

　金額はケース・バイ・ケースなので一概にはいえないが、迷惑防止条例違反の場合は五万〜二〇万円ぐらいで片づくことが多いとされているのに対し、強制わいせつとなると一〇〇万円を超えることもある。社会的地位の高い加害者の場合、刑事告訴を避けるために、二〇〇万でも三〇〇万でも払って早く示談に応じたいと考えることも珍しくない。被害者側の弁護士は、加害者の収入や社会的な地位などを考慮し、場合によっては刑事告訴をちらつかせながら、できるだけ高い賠償額を勝ち取ろうとするわけだ。

## 女性も「強姦犯」になれるか？

ちなみにノゾキや露出狂なども、被害に遭った女性が「きゃっ、痴漢！」と叫ぶことがあるが、これはいずれも電車内の「お触り」とは適用される法律が違う。ノゾキは軽犯罪法に定められた「窃視の罪」、露出狂は刑法の「公然わいせつ罪」だ。

それら性犯罪のなかでもっとも罪が重いのは、言うまでもなく強姦である。これも強制わいせつ罪とは区別されており、刑法に「強姦罪」が規定されている。条文によれば、強姦罪になるのは「暴行又は脅迫を用いて一三歳以上の女子を姦淫した者」と「一三歳未満の女子を姦淫した者」。条文を比較すればわかるとおり、強制わいせつと違って、強姦の被害者は必ず「女子」だ。

ここで「姦淫」というのは性交のことで、男性器が女性器に一部でも挿入されれば、射精にまでいたらなくても「未遂」ではなく「既遂」になる。女性が男性を無理やり犯すことも決して不可能ではないだろうが、刑法はそこまで想定していない。条文に「女子を姦淫した者」と書かれている以上、犯された男性が相手を強姦罪に問うことはできないわけだ。強制わいせつ罪を適用するしかないだろう。

ただし、強姦事件の被害者は必ず女性だが、加害者は男性だけとはかぎらない。というのも、犯罪は実行犯だけが罰せられるわけではないからだ。たとえばオウム真理教の教祖も、自らは殺人に手を染めていないが死刑判決を受けた。それと同様、強姦罪も「教唆犯」や「共同正犯」が成立する。知り合いの男性をそそのかして恨みのある女性を強姦させたり、現場で被害者の手足を押さえるなどして強姦に加担したりすれば、女性でも強姦の犯人に「なれる」のである。

ところで、先ほど「迷惑防止条例違反」と「強制わいせつ」の境界線について説明したが、「強制わいせつ」と「強姦未遂」の境界線も曖昧といえば曖昧だ。強姦の「未遂」と「既遂」は挿入の有無ではっきり区別できるが、「痴漢」と「強姦未遂」は、外見だけでは犯人がどういう意図でやっているのかわからないケースもある。

もちろん、被害者を押し倒して衣服を破いたりしていれば、明らかに強姦の意図だとわかるだろう。しかし、電車の中で下着の内側にまで手を入れている場合、事によるとそれは強姦の「イントロダクション」かもしれない。以前なら、「まさか衆人環視の電車内で強姦しようとする男はいないだろう」というのが常識だったが、その常識も変わりつつある。事実、二〇〇六年には、特急列車の車内で隣に座った女性を脅迫し、トイレに連れ込んで強姦するという信じがたい事件が起こった。

この事件では、犯人の行為を見て見ぬふりしていたほかの乗客を非難する声もあるが、もし座席で男が女性の体に触っている段階で誰かが制止し、現行犯逮捕されていたら、その罪状は何になっただろうか。犯人自身は強姦の意図を持っていただろうし、実際に結果として強姦をしているわけだが、その前に捕まっていたら「強姦未遂」に問えるかどうかは微妙なところだ。未遂罪は既遂より刑が軽減されることもあるが、強制わいせつの法定刑が「六ヶ月以上七年以下の懲役」なのに対し、強姦は「三年以上の有期懲役（つまり最高で二〇年）」だから、未遂でも強制わいせつより重い判決になることが多いだろう。

昔はあり得なかった「電車内で化粧」が当たり前になったことを考えれば、今後、「電車内で強姦」を企てる男が続出する時代にならないという保証はない。そのときには、「痴漢」と「強姦未遂」をどう見分けるかが議論されることだろう。

## ケース4【医療過誤】

### 無理筋の訴訟も少なくない(?)医療過誤裁判

司法改革によって弁護士が増えると、その「需要創出」のために、以前は訴訟にならなかったような案件が裁判所に持ち込まれるようになるだろう。その事情については終章で述べることとするが、民事訴訟を増やす要因はそれだけではない。弁護士が促さなくても、時代の変化によって人々の権利意識が高まれば、損害賠償請求訴訟なども増える。実際、いまは「一億総クレーマー時代」という言葉もあるぐらいで、「他人のミス」に厳しい態度で臨む人が昔よりも明らかに多い。

そのために増加していると思われるのが、「医療過誤」をめぐる民事訴訟だ。たしかに医療関係者のミスによる事故は昔よりも目立つが、たとえば患者を取り違えて心臓病なのに肺を手術してしまったり、生理食塩水と間違えて消毒液を点滴に入れてしまったりといった許しがたいミスは、ほんの一握りだろう。そういう事件が大々的に報道されることで医療への不信感が芽生え、「泣き寝入りしてはいけない」という意識が高まった結果、昔なら裁判に発展することもなかったケースまで訴えられるようになったのではないだろうか。

たとえば、担当医が事前に「成功する確率は五〇パーセント」と告げ、患者のほうも五分五分の確率に賭けて手術を選択したにもかかわらず、失敗したからといって「医療ミスだ」と訴えられたのでは、医師のほうもたまらない。しかしいまは、そういう民事訴訟も増えているのである。

医療事故で刑事責任を問うケースが増えているのも、医療に厳しい監視の目を向け始めた世論に後押しされているせいかもしれない。治療ミスで患者を死なせた場合、医師には業務上過失致死罪が適用されることがあるが、その適用範囲が広がることに対しては医療現場からの批判もある。たとえば、二〇〇四年に福島県立大野病院で帝王切開中の産婦が出血多量によって死亡した事件では、担当医が逮捕されたことに対して、日本産科婦人科学会や日本産婦人科医会などが抗議声明を出している。きわめて稀な症例であり、患者を助けられる可能性も低かったので、医師に刑事責任を問うのは不当だというわけだ。

その是非は裁判所の判断に委ねるしかないが、民事でも刑事でも医療訴訟が増えていることで、すでに現場の医師が意欲を失ったり、医学生が訴訟リスクの高い外科、産科、小児科などになりたがらない傾向が強まったりしている。もちろん患者側の権利は守られなければいけないが、あまりに訴訟が増えすぎると、かえって医療サービス全体を低下させてしまうおそれもあるといえるだろう。

こうした流れには、医師の側も不安感や危機感を募らせている。医療過誤は、医師免許の停止や取消といった行政上の責任も発生するので、彼らにとってはあらゆる意味で死活問題だ。そのため、どこからどこまでが医療過誤に当たるのかを明確にしようという動きも出ている。これは訴える患者側にとってもわかりにくい問題なので、われわれ弁護士も医師と協力し合って「線引き」を明らかにするような試みがあってもいい。また、すでに多くの医師や医療機関が利用している「医療過誤保険」をさらに充実させることも必要ではないだろうか。

## ケース5【敷金・水漏れ】

### 賃貸住宅の「敷金」は弁護士の電話一本で取り戻せることも?

もっと日常生活に密接した小さな案件についても話しておくことにしよう。

たとえば、多くの人が自分の権利を知らずに損をしている問題のひとつに、賃貸住宅の「敷金」がある。賃貸契約を結んで入居するときに払い、契約を解除した際に補修費用などを差し引いて返還されるお金のことだ。

これは原則として、借り手に債務不履行がないかぎり全額が返還されることになっている。たとえばペット禁止の部屋で猫を飼って床に傷をつけたとか、子供がクレヨンで壁に落書きをしたなど、賃貸契約に反するような使い方をしたのでなければ、通常の利用をしていたかぎりでは補修費用を借り手が負担する必要はないということだ。

ところが現実には、通常使用の範囲内で生じた劣化や摩耗なども借り手の責任にして、何でもかんでも敷金から控除する大家も少なくない。一銭も返還されないことも少なくないが、これは大半が取り戻せるお金である。法律を知らない借り手側が黙っているから、大家の言い分が通っているだけの話だ。何の落ち度もなく使っていた人間が「敷金を返せ」というのはクレーマーでも何でもなく、まったく正当な権利を主張しているにすぎない。

敷金は家賃の二〜三ヶ月分だから、たとえば月一〇万円の部屋なら二〇万か三〇万円程度。借り手の依頼を受けて全額を取り戻したとしても、弁護士の取り分は数万円にすぎない。実際には、依頼人から最初の相談を受けたときに、その場で大家に「敷金のことで〇〇さんから相談を受けているのですが」と電話を入れただけで解決することもしばしばだ。その程度の仕事では、着手金や報酬金をもらうわけにもいかない。五〇〇〇円から一万円程度の相談料だけで済んでしまう。その場で電話せず、正式に受任してから大家に内容証明を発送するなどの手間をかけたとしても、せいぜい三万円から五万円だろう。

しかし、それでも喜んで引き受ける弁護士はこれから増えるだろうと思う。少額の案件も依頼者にとっては切実な問題であり、解決することの社会的意義も大きいし、弁護士としても、そういう業務をたくさんこなしていればなんとかやっていける。その意味では、誰にでも弁護士が利用しやすい時代になるといえるわけだ。

## 弁護士が登場しただけで示談金が一五〇万から四〇〇万に

敷金のほかにも、法律を知らない一般人が損をするケースはいろいろある。ちょっとでも「おかしいな」と思ったら、専門家に相談してみるべきだろう。

たとえば同じ住宅関係でいえば、以前、マンションの水漏れ被害に遭った人から相談を受けたことがある。上階から水漏れしたせいで、マンションの一階にオープンしたばかりの飲食店が水浸しになってしまったのだが、加害者側が契約している損保会社が提示した示談金の額が安すぎるというのだ。

集合住宅の水漏れでよその部屋に損害を与えた場合、過失による民事責任が発生する。ちなみに刑法の器物損壊罪は故意犯でなければ成立しないので、過失で器物を損壊しても刑事責任を問われることはない。

民事なので「金で解決」ということになるわけだが、損保会社があいだに入った場合、向こうは交渉のプロなので、どうしても「丸腰」の被害者は不利になる。相手に弁護士がついていないとわかると、平気であり得ないほど安い示談金を提示してくることもあるのだ。

その依頼人のケースでも、最初に損保会社が提示してきた額はたったの五〇万円だった。さすがに安すぎると思い、被害者が自分で交渉していたのだが、いくら粘っても一五〇万円までしか上がらなかったという。開店用に揃えた新品のインテリアが軒並み使い物にならなくなったので、それではとても納得できない。そこで、弁護士に相談しようと考えたわけだ。その時点で、事故発生から二年も経っていた。

しかし、依頼を受けた私が損保会社の担当者に面会し、示談金の算定方法に疑問を呈したら、いきなり提示額が四〇〇万円まで跳ね上がったのだから実にわかりやすい。「相手に弁護士がついた」＝「まともに法的責任が問われる」となった途端に、てのひらを返したのである。たった一度の面会だから、とくに高度な法テクニックを使ったわけでも何でもないのだが、弁護士というのはその肩書きだけでも大きな威力を持つ存在なのだ。同じようなことは交通事故の示談交渉でも多々ある。

そんなこともあるので、納得のいかない法的な紛争があったら、遠慮せず弁護士に相談したほうがいい。これほど示談金が上がるなら、弁護士に報酬を支払うだけの価値はあるだろう。ただしその場合、不納得な状態では絶対に示談書などの書類にハンコを押さないことが肝心だ。いったんハンコを押してしまうと、その後で弁護士が出て行っても覆すのは難しいのである。

## ケース6【欠陥住宅】

### 「直せば住める」住宅の契約解除は難しい

もうひとつ、よくある住宅関係の案件について触れておこう。いまや民事訴訟におけるひとつのジャンルとしても確立されている「欠陥住宅」の問題だ。

住宅にかぎらず、瑕疵《かし》や欠陥のある物を買わされた場合には、売り主に損害賠償や契約解除、あるいは欠陥の修復などの民事責任を問うことができる。耐震構造偽装マンションを販売したヒューザーのように刑事責任を問われることもあるが、それはきわめて例外的なケースだ。あの事件の場合、マンションに瑕疵があることを知っていながら販売したために刑法の詐欺罪が適用されたのだが、わざと欠陥住宅を売る業者は滅多にないので、基本的には民事だけの世界だと考えていいだろう。

しかし欠陥住宅の場合、残念ながら、被害者が完全に納得できる形で解決されることはあまり多くない。まず、売り主を訴えようとした時点で、その業者が消えているケースが多いのが実状だ。存在しない会社を提訴することはできない。そのため、建築業界全体で基金のようなものを設立し、被害者を救済する仕組みを作ろうという動きが進んでいるので被害者救済につながることが期待される。

また、売り主が存在していたとしても、欠陥の修復は部分的なものになることが多い。たとえば床が傾いているような場合、買い手としては「ほかにも欠陥があるはずだ」と疑心暗鬼になるだろう。実際、床が直ったと思ったら次は洗面所から水が染み出し、それを直したら今度は異常な結露が発生した……といった具合に、次々と欠陥が明らかになることも少なくない。いったん更地にして全面的に建て直してほしいと思うのが当然だ。

しかし、よほど根本的かつ致命的な欠陥があれば別だが、部分的に直すことができる以上、すべてを建て直す費用を賠償させるのは難しいだろう。同じ理由で、契約解除もそう簡単には認められない。売買契約の解除とは、要するに物件を売り主に返し、買い手は購入代金を返してもらうということだが、これが認められるためには、「住む」という目的を不可能にするほどの瑕疵が必要だ。

たとえば生鮮食料品が腐っていれば、「食べる」という目的を達するのが不可能なので、それだけで売買契約を解除できるだろう。腐った食べ物の鮮度を回復させることはできないからだ。しかし住宅の床が傾いている程度では、「直せば住める」ということになるので、目的の達成が絶対に不可能というわけではない。

そんなわけで、根本的な解決が難しいからこそ、欠陥住宅は被害者にとって深刻な問題になっている。先ほど触れた救済システムの構築をはじめ、法律的な手当てが求められる分野だといえるだろう。現状では、買い手自身が事前に十分な情報を集め、価格の安さだけにつられて簡単に購入を決めないなど、慎重な行動を取る以外にない。

# 第六章
# 人間関係のトラブル

## ケース1 【不倫】

### ソープ通いも「貞操義務の違反」に当たる？

国家が何を刑罰の対象とするかは、その国の文化や時代によって違ってくる。殺人や詐欺など、社会的背景と関係なく「いつでもどこでも」犯罪とされる行為もある一方で、人々の考え方や価値観次第で罪になったりならなかったりする行為もあるということだ。

その典型が「姦通罪」だろう。明治憲法下の日本では、結婚している女性と夫以外の男性の姦通（いまでいう不倫）が犯罪とされていた。しかし、結婚している男性は愛人を囲っても許されるというのは、新憲法の男女平等規定に反するため、戦後は刑法から削除されている。平等にするなら男女とも一律に禁じるという方法もあったわけだが、それは法律を作る国会議員にとって都合が悪かったのかもしれない。

ちなみに韓国には現在も姦通罪があるが、こちらは男女とも平等に適用されることになっている。韓流ドラマを見るときは、それを踏まえていたほうがスリルを味わえるかもしれない。実際、登場人物が姦通罪で刑事告訴されるストーリーもあるようだ。また、イスラム諸国では一夫多妻が認められている一方で、多くの国で姦通罪がかなりの重罪となっており、違反した女性が死刑になることも珍しくないという。お国柄によって、男女関係のルールもさまざまだ。

韓国やイスラム圏に生まれなくてよかった……と思っている人もいるだろうが、姦通罪が廃止された日本でも、不倫が法的責任をまったく問われないわけではない。刑事責任はないが、民事責任はある。夫が不倫した場合、その配偶者は夫の貞操義務違反について不法行為に基づく損害賠償請求ができるのだ。

貞操義務という以上、プラトニックな恋愛関係にあるだけでは、それに違反したことにはならない。あくまでも肉体関係があることが前提だ。したがって、恋愛感情はなくても肉体関係があれば、貞操義務違反は成り立つことになる。夫のソープランド通いは、厳密にいえば貞操義務に違反しているわけだ。

ただし、違反の程度を判断するにあたっては、やはり恋愛感情の有無が問われることになるだろう。夫のソープ通いで訴訟沙汰になることはあまりないと思うが、仮に妻が損害賠償請求訴訟を起こしても、プロの女性を相手に心の通わない「姦通」をしているだけでは精神的苦痛もさほど大きくないと判断されると思う。

## 妻が勝ち取った賠償金を夫が吐き出すことも

ところで、貞操義務違反で損害賠償を請求する場合、訴える相手は当事者のどちらでもかまわない。「貞操義務違反」というと、夫婦のあいだに割って入った不倫相手だけの不法行為のようにも聞こえるが、配偶者を裏切った者も「同罪」だ。したがって、妻が夫、夫が妻を訴えることもあれば、配偶者の不倫相手だけを訴えることもある。両方を訴えることももちろん可能だ。

どちらに民事責任を問うかは、「被害者」が夫婦関係を今後どうしようと考えるかによって決まるだろう。たとえば、不倫をした夫に戻ってきてほしいと思っているなら、妻は不倫相手の女に賠償請求することになる。「わたしの大事な夫に手を出したんだから責任を取りなさい」ということだ。逆に、夫を訴えた場合、その妻はすでに離婚する腹を固めていることが多い。元の鞘《さや》に収まるつもりなら、どうせ夫婦の財布はひとつなのだから、夫に賠償金を払わせても意味がないのである。

しかし、不倫相手を訴えて賠償金を勝ち取ったとしても、結局は家計からの「持ち出し」になることも少なくない。賠償金を払わされた不倫相手には、一緒に貞操義務違反をしていたパートナーに対する求償権があるからだ。「本来は二人で払うべき賠償金を全額負担したのだから、あなたも一部を負担すべきだ」というわけで、不倫カップルのあいだで訴訟が起きることもある。夫にしてみれば、自分の妻が不倫相手を訴え、不倫相手には自分が訴えられるのだから、かなり悲惨な立場だ。想像しただけで恐ろしくなるという男性も多いのではないだろうか。

ともかく、不倫相手に払わせた賠償金の一部を自分の夫が負担するということは、妻が一部負担を訴えた相手に「返す」のと実質的には同じである。しかも現実には、「そんな金を彼女に払わせるわけにはいかない」と責任を感じた男性が、全額を自分で負担することもある。私も、不倫相手の妻から賠償金を請求された独身女性に交渉を依頼されたことがあるが、そのときも結局は（弁護士費用も含めて）全額を夫が払ってくれた。

そうなると、賠償金をぐるぐる回した挙げ句に誰も得をしていないのだから、何か空しい気がする。申し訳ないが儲かったのは弁護士だけ、という話である。妻にしてみれば、家計上は「収支トントン」どころか弁護士費用の分がマイナスだ。「夫を取り戻す」という目的は達成できたとはいえ、そこまで話がこじれたら、夫婦関係を元どおりに修復できるのかどうかも怪しい。法的な解決が、感情問題の「解決」につながるとはかぎらないのである。

## ケース2【婚約破棄】

### 挙式済みでも入籍せずに別れれば婚約破棄

婚姻関係にからむ紛争でもっとも多いのは、言うまでもなく離婚調停や離婚訴訟だ。別れる夫婦が財産分与や子供の養育権、慰謝料などを争うものである。

しかし男女の別れ話から法的責任が生じるのは、離婚だけではない。結婚前の別れ話、つまり「婚約破棄」も、当事者同士で揉めることの多い案件だ。

婚約は民法で定められた「契約」の一種だから、それを一方的に破れば債務不履行となるのは当然だろう。損害賠償を請求されても文句は言えないわけだ。婚約するにあたって結婚の日時などを明記した書類を作成する人はまずいないが、この場合、契約書の有無は関係ない。結納のようなセレモニーも不要だ。口頭でお互いが結婚を了承していれば、法的にも婚約が成立したと見なされる。

とはいえ、口約束というのは何の証拠も残らないので、破談で訴訟になった場合は「言った、言わない」という水掛け論になるだろう。婚約指輪、式場の予約、招待客への案内状などの「動かぬ証拠」があったほうが、訴えた側に有利になる。物証はなくても、たとえばお互いの両親に挨拶をしたという事実を関係者の証言で明らかにできれば、婚約の成立はまず認められるはずだ。

また、すでに結婚式を挙げたカップルでも、離婚ではなく「婚約破棄」になることがある。挙式を済ませても、入籍していなければ法的に婚姻関係を結んだことにはならないからだ。昔、新婚旅行先でケンカになった新婚カップルが帰国と同時に別れる「成田離婚」が話題になったことがあるが、その多くは入籍前だったに違いない。だとすれば、法的には「成田婚約破棄」（そんな法律用語はないが）ということになるのである。

なかには、すでに事実上は破談になっているのに結婚式を挙げるカップルもいる。式場を予約し、大勢の親戚や知人に招待状を発送した後で「やっぱりやめよう」となった場合、親や本人が世間体を重んじる性格だったりすると、「中止のお知らせ」は送りにくい。しかし挙式後に別れたのなら「離婚のお知らせ」を送る必要はないから、とりあえず結婚式を挙げ、入籍はせずにひっそりと別れるのである。招待客が真相を知ったら、それこそ民事訴訟を起こして「ご祝儀を返せ」と要求したくなるかもしれない。

入籍していない「夫婦」といえば、いわゆる「事実婚」（内縁関係）もある。この場合、どちらかが一方的に別れを告げたとしても「離婚」ではないし、もちろん「婚約破棄」でもない。「いつか籍を入れよう」という口約束でもあったなら別だが、お互いに納得して事実婚を選んでいるのなら、婚約状態とは見なされないのだ。

しかし事実婚であっても、一方的な関係解消には民事責任が発生する。内縁関係は正式な婚姻に準じるものと見なされ、同居義務や扶助義務など一定の法的保護が与えられており、不当に「内縁破棄」された場合も慰謝料や財産分与を請求する権利が認められているのだ。ちなみに前に取り上げた「貞操義務」もあるから、パートナーが不倫をすれば損害賠償も請求できる。さすがに二つの事実婚を同時進行させても「重婚罪」には問われないが、入籍していなくても不倫は不倫だと心得るべきだろう。

さらに付け加えておけば、不倫で民事上の責任を問われるのは、配偶者からの損害賠償請求だけとはかぎらない。不倫相手に「いずれ妻（夫）と別れておまえ（あなた）と結婚する」などと約束していれば、それが実行できなかったときに婚約破棄で訴えられる可能性がある。口約束だけでは証拠にならない可能性が高いが、たとえば将来二人で住むためのマンションを買い与えていたり、結婚を前提に女性が妊娠していたりすれば、訴えた側が有利だろう。「不倫」は倫理面での問題だけでなく、さまざまな法的問題を抱えているのである。

## ケース3 【ストーカー】

### 面会や交際を二回求めただけでも規制の対象に

同じ男女関係の問題でも、昔は犯罪だった姦通がいまは刑事罰の対象ではなくなっているのとは逆に、最近になって「犯罪」とされるようになったものもある。本書の第二章でも触れた「ストーカー行為」がそれだ。

ストーカー的な行為をする人間が、最近になって初めて世の中に登場したというわけではないだろう。一方的に好意を寄せられて執拗につきまとわれ、迷惑な思いをしていた人は昔もいたはずだ。

しかし、若い女性の独り暮らしが少なかった時代は、いまほど強い恐怖はなかったかもしれない。地域社会のなかには、おかしな行動を見咎めて制止する人もいただろう。通信技術の進歩によって、ストーカー行為自体が悪質化した面もある。いずれにしろ、社会状況の変化によって、法律で規制する必要が出てきたわけだ。

では、ストーカー行為とは具体的に何を指すのか。二〇〇〇年に施行されたストーカー規制法（ストーカー行為等の規制等に関する法律）では、いわゆる「つきまとい等」を規制の対象としている。それを二度以上くり返すと、「ストーカー行為」となるのだ。

つきまとい行為といっても、人の後ろをつけ回したり、家の近くをうろうろしたりすることだけではない。法律では、次のような行為を「つきまとい等」として挙げている。

（1）つきまとい・待ち伏せ・押しかけ
（2）監視していると告げる行為
（3）面会・交際の要求
（4）乱暴な言動
（5）無言電話、連続した電話・ファクシミリ
（6）汚物などの送付
（7）名誉を傷つける
（8）性的羞恥心の侵害

七番目の「名誉を傷つける」と八番目の「性的羞恥心の侵害」は、中傷する手紙を送りつけたり、卑猥な写真を送りつけたりすることも含まれる。要するに、物理的に接近して

いなくても、メッセージや物を送りつけたりして「存在感」のようなものを相手に示していれば、「つきまとい等」をしていることになるわけだ。

いかにも迷惑な感じの項目ばかり並んでいるが、ひとつだけ「それもストーカーなの？」と誰もが首を傾げたくなるのは、三番目の「面会・交際の要求」だろう。それを二回以上やっただけでストーカー行為と見なされたのでは、異性を口説く行為はほとんどが規制対象になりかねない。とくに男性が女性を口説く場合は、昔から「一度断られたぐらいで諦めるな」というのが恋愛指南の鉄則（？）になっている。女性には、「一回や二回口説かれたぐらいでOKしたのでは軽い女だと思われてしまう」という心理がある（と一般的には信じられている）からだ。

もちろん、ストーカー規制法違反は親告罪なので、被害者の訴えがないかぎり当局は動かない。女性が「次こそイエスと答えよう」と三度目のアプローチを待っているときに、男性に警察から交際要求の禁止命令が出るなどという悲劇はあり得ないわけだ。

しかし、相手がアプローチを嫌がっている場合は、たった二度「会ってください」「つきあってください」と言っただけでも、警察に通報されれば「ストーカー」として扱われるおそれがある。一九九一年に大ヒットしたドラマ『101回目のプロポーズ』でも、最初はしつこく言い寄る武田鉄矢を浅野温子が疎んじていたから、放送されたのが一〇年遅かったら、途中から「刑事ドラマ」になっていたかもしれない。

いずれにしろ、好きな異性を必死に口説くのが難しい時代になったことは間違いないだろう。恨みのある異性を陥れるために、ストーカー規制法を悪用するケースが増えるのを危惧する声もある。なにしろ何回か面会を求めただけで引っかかるのだから、ストーカーを捏造するのもそう難しいことではない。規制対象は「恋愛関係」に限定されているとはいえ、何が恋愛かというのも曖昧だから、いくらでもでっち上げが可能だ。

ただし、被害者が警察に通報したからといって、ただちに逮捕されるというわけではない。あまりに悪質な場合はいきなり刑事罰の対象となることもあるが、基本的には、まず警察からストーカー行為に対する警告が出される。それに従わずに行為をくり返せば、次は公安委員会からの禁止命令。これはいずれも役所からのものだから、行政処分である。その禁止命令にも従わなかったときに、「一年以下の懲役又は一〇〇万円以下の罰金」という刑事罰が待っているのだ。

さらに、被害者が損害賠償請求を行えば、民事責任も問われることになる。被害が「精神的苦痛」だけなら賠償額も少ないだろうが、たとえば恐怖のあまり外出できなくなり、何週間も会社を休まざるを得なかったとなれば、話は別だ。その間の休業損害も加算されるので、それなりの額を覚悟しなければいけない。

## ケース4 【セクハラ】

### 「対価型」と「環境型」の違い

ストーカーのような規制法こそ作られていないが、「セクシャル・ハラスメント（性的嫌がらせ）」も、昔は存在しなかった男女トラブルのジャンルだ。ストーカー同様、これも行為そのものは昔からあったのだろうが、その概念が確立されたことで、法的責任を追及されるケースが一気に増加した。

セクハラ限定で刑事罰を科す法律はないので、職務上の地位などを利用して性的な関係を強要した者に刑事責任を問う場合は、基本的に刑法が適用される。罪名は事件の内容によってケース・バイ・ケースだが、強制わいせつ罪、強姦罪、強要罪、脅迫罪などに該当することが多いだろう。

たとえば、二〇〇七年に女子職員から被害届を出された挙げ句に逮捕された福岡の都築学園グループ総長の場合、報道された行状を見ると、エレベーターに女子職員を押し込んで胸を触ったり、バスで隣に座らせた女性の下半身をまさぐったりしていたというから、やっていることは痴漢と変わらない。逮捕容疑が強制わいせつだったのも当然だ。

民事責任のほうも、基本的には痴漢と同等の損害賠償を請求されると考えていいだろう。ただしセクハラの場合は職場での上下関係などを利用した不法行為なので、加害者と被害者の関係性によって精神的苦痛の度合いが計られることもある。たとえば同じ社内の課長と平社員の関係でも、離れた部署の管理職に関係を強要されるより、直属の上司に迫られたほうが断りにくい。しかも毎日のように顔を合わせていなければいけないので、そちらのほうが精神的苦痛が大きいと判断されたりするわけだ。ともあれ、弁護士として被害者から依頼を受けたときには、一〇〇万円単位の賠償額を目指したい案件ではある。

ただしセクハラには大きく分けて「対価型」と「環境型」の二種類があり、ここまでの説明は「対価型」についてのもの。これは「出世したければ言うことを聞け」などといった形で仕事上の優遇の「対価」として関係を求めるタイプのセクハラで、何かしらの権限を握っている人間が加害者になりやすい。

一方の「環境型」は、職場でヌード写真の載った雑誌を広げたり、女性社員の体をじろじろ眺めたり、「昨夜は彼氏とお楽しみだったんだろ?」と恋愛やセックスに関する質問をしたりといったタイプのセクハラだ。「その髪型、よく似合うよ」などと女性の容姿を褒めることがセクハラ扱いされることに腹を立てている男性も多いが、これも、仮にセクハラだとすれば「環境型」に含まれる。

## 北米トヨタが巨額の賠償金を請求された理由

言うまでもないと思うが、この「環境型」は「対価型」ほど悪質ではないので、民事訴訟で一〇〇万円単位もの賠償金を請求されることはまずない。訴えられること自体が稀だが、よほど目に余るセクハラだったとしても、環境型の場合はせいぜい数万円の話も多い。刑事責任のほうも、お尻をしつこく触ったりすれば痴漢と同じで迷惑防止条例違反に問われるかもしれないが、さほどの罰は受けないだろう。

それでも、企業社会内部では「容姿を褒めるのも御法度」的なことが盛んにいわれる。これは法的責任を問題視しているというより、「それで評判が落ちると出世に響くから気をつけろ」という意味合いのほうが大きいのではないだろうか。

しかし対価型のほうの民事責任も、一〇〇万円単位と聞けば「大変だ」と思うかもしれないが、日本はアメリカと比べると圧倒的に軽い。これはセクハラにかぎらないのだが、アメリカの損害賠償請求訴訟では、日本と比較にならないぐらいの莫大な金額が動く。

たとえば二〇〇六年に報道された北米トヨタ自動車のセクハラ事件では、社長からセクハラを受けた元社長秘書が、社長と会社を相手取って、なんと一九〇〇万ドルの支払いを求める訴訟を起こした。日本円で二〇〇億円を超えるのだから、わが国と何ケタ違うのかすぐにはわからないほどだ。最終的にいくらで和解したのかは公表されていないが、三〇億円程度で手を打ったのではないかとも言われている。

日本とアメリカで「精神的苦痛の値段」がこれほど違うのを不思議に思う人も多いだろうが、その背景には民事裁判の制度上の違いがある。米国では「懲罰的損害賠償」というものが認められているので、賠償額が大きくなりがちなのだ。

これは、今後も同じような不法行為が起きないようにするために、制裁的な意味で支払いを命じられる賠償金のこと。加害者個人ではなく、その企業がダメージを受けるぐらいの賠償金を払わせれば、社内の管理も厳しくなってセクハラもなくなるだろう、ということだ。だから北米トヨタのケースでも、被害者は社長に加えて会社も訴えていたのである。日本では採用されていない制度だが、福岡の学園グループ総長のような輩《やから》が続々と逮捕されるようになれば、導入が検討される日が来るかもしれない。

## ケース5【パワハラ】

### 女子社員に「絶対に結婚するな！」は強要罪？

権力や地位などを利用した「ハラスメント」は、対価型のセクハラだけではない。男女間の性的な行為以外にも、たとえば上司が部下に「クビになりたくなければ言うことを聞け」と言って、業務とは関係ない行動を強要することはある。相手が逆らえないのをいいことに、些細なミスを取り上げて必要以上に罵倒したり、自分のミスを責任転嫁したりすることもあるだろう。

そういう力の差を背景にした嫌がらせのことを総称して、「パワー・ハラスメント」という。大学で教授などが学生に嫌がらせをすることを「アカデミック・ハラスメント」と呼ぶこともあるが、これも「パワハラ」の一種と考えていい。セクハラと同様、パワハラも刑事と民事の責任を問われることになる。

しかしパワハラの場合、そこに含まれる行為が多岐にわたっているので、刑事責任については、さまざまな罪状があり得るだろう。

たとえば最近は、優秀な女子社員を辞めさせないために「絶対に結婚するな！」「子供なんか産んだら承知しないぞ！」などと言いつける経営者もいるらしいが、これも場合によっては強要罪に抵触する可能性がある。断ると報復があることをほのめかして、無理やりカラオケにつき合わせる、金品を要求する、特定の宗教に入信させるといった行為も同様だ。

もちろん、怒鳴りつける際に殴ったりすれば、暴行罪が適用されるだろう。いや、前述したとおり、最近は相手が失神すれば怒鳴り声も「凶器」に認定されることがあるから、殴らなくても傷害罪になる可能性がないこともない。ある会社では、業績の悪い社員を叱責しながら相手の頭にゴミ箱をかぶせた取締役がいるそうだが、お清めの塩をかけても暴行罪になることを考えれば、これも間違いなく暴行罪が成立すると思う。

また、大勢の社員が聞いているところで部下を誹謗中傷するような言葉を吐けば、名誉毀損罪や侮辱罪に問われてもおかしくない。そのほか、脅迫罪、器物損壊罪などに触れる行為もあるだろうと思う。

ただし刑事事件として告訴する場合、いきなり警察に相談しても、「民事不介入」を理由にしてすぐには動いてくれない可能性が高い。「上司に怒鳴られたから捕まえてください」という訴えにいちいち耳を貸していられるほど、警察も暇ではないからだ。被害者の側が、そのパワハラが刑法に触れる行為であることを示す証拠まで揃えて提出しないと、まず捜査は始めてもらえないだろう。

したがってパワハラ被害を受けたときは、最初に警察に行くのではなく、その前に弁護士に相談したほうが得策だ。そうすれば、民事訴訟のほうも含めて戦略を考えることもできる。刑事での立件が難しそうなら、それを相手にちらつかせることで、損害賠償請求を有利に進めることを考えてもいい。

もっとも、上司を民事で訴える場合、本当はその上司を会社から追い出したいのに、実際は自分のほうが会社を辞める覚悟を持たなければいけないのが辛いところだ。もちろん会社によっては、総務部や人事部に直訴することでパワハラ上司を懲戒処分や部署移転にかけられるところもあるだろう。

しかし、そもそも平気でパワハラをやるような人間が管理職まで出世できる会社というのは、そういう行為にあまり目くじらを立てない企業文化を持っていることも多い。逆に、総務や人事から上司に報告が入り、「おまえ、よくも告げ口しやがったな！」とパワハラに拍車をかける結果にもなりかねないのである。

# 第七章 うっかり犯罪者にならないために

## ケース1【万引き】

### 警備員を殴って逃げれば「強盗罪」になることも

スーパーマーケットの万引き犯が捕まる様子を、テレビの隠し撮り映像で見たことのある人は多いだろう。レジを抜けた犯人に警備員が足早に近づいて「お客さん」と声をかけるシーンなど、他人事ながら冷や汗が出たりするものだ。事務室に連行された犯人を、店の人間が語気を荒らげて詰問しているのを見ると、本当に腹に据えかねているように感じる。実際、万引きは店の経営を揺るがすこともあるほど多いのだ。

万引きという言葉には軽い響きがあるので、大した罪の意識を持っていない人もいるが、これは立派な窃盗罪である。「空き巣」「泥棒」「置き引き」などと何ら変わらない。刑法で定められた刑罰は、一〇年以下の懲役又は五〇万円以下の罰金。その場で盗んだ物を返しても、いったん不法に占有した時点で窃盗罪が成立しているので、許されることはない。それどころか、一時的に自分のバッグに入れた商品を、レジを通る前に棚に戻したとしても、理論上は窃盗罪が成立している。捕まった人はたいがい「お金は払いますから」と言って見逃してもらおうとするが、そういう問題ではないのだ。

また、万引きは時に強盗罪に「昇格」するケースがあることも知っておいたほうがいいだろう。強盗とは、簡単にいえば「暴力や脅迫を伴う窃盗」のこと。ふつうは被害者を殴り倒してから持ち物を奪ったりするわけだが、「事後強盗」といって、窃盗の後で逃げるために暴力を振るった場合も強盗罪が成立する。よくあるのは、空き巣に入って室内を物色しているうちに住人が帰ってきたため、暴力を振るって逃げるというパターンだ。万引きも、声をかけた警備員を突き飛ばして逃走しようとすれば、強盗罪に問われる可能性がある。こちらの法定刑は、五年以上の有期懲役だ。

さらに、店に損害を与えた以上、民事責任も発生する。ただしこちらのほうは、盗んだ物品を返せば、店側の財産的損害はない。万引きした食料品を捕まる前に食べてしまったりした場合は、その代金を弁償することになる。それ以外には、精神的損害に対する慰謝料がいくらか発生することもあるだろう。一四歳未満の子供が万引きをした場合は、刑事未成年として罪に問われないこともあり、保護者が民事責任を負うことになる。常習犯など悪質な場合なら別だが、たった一回の万引きで子供が少年鑑別所などに送られることはない。

ところで万引きには、取り締まる側が気をつけなければいけないこともある。現行犯の場合、逮捕は警察官ではない私人でもできるので、店員や警備員が犯人を捕まえること自体は問題ない。しかし、刑事訴訟法では「私人が現行犯人を逮捕した時は、ただちにこれを捜査機関に引き渡さなければならない」と定められている。テレビの隠し撮りでは、店長や警備員が別室で犯人の「取り調べ」をする様子も見られるが、これは本来、警察がやるべき仕事だ。犯人の同意があれば、身体検査をしたり住所・氏名を書かせたりするのもかまわないが、無理にやらせれば強要罪や脅迫罪に問われかねない。拘留した部屋にカギをかければ、監禁罪になることもある。犯人を前にすれば怒りが湧いてくるのはわかるが、あまり手荒なことはしないほうがいい。犯罪者にも人権があることを、忘れてはいけないのである。

## ケース2【児童買春】

### 援助交際を募集しただけで罰せられる出会い系サイト規制法

意外に勘違いしている人が多いのだが、「売春防止法」は売春婦やその客を処罰する法律ではない。「対償を受け、又は受ける約束で、不特定の相手方と性交すること」を禁止してはいるが、それ自体が犯罪として刑事処分の対象になるわけではないのだ。

売春婦はむしろ救済されるべき存在だというのが立法の精神なので、処罰されるのは「公衆の目に触れる方法による売春勧誘（売春婦が自らこれをすれば、売春婦も処罰されることになるが）」「売春の斡旋」「売春を行う場所の提供」など、売春をさせる側となっている。したがって、たとえば飲み屋で知り合った女性に「今晩三万円でどう？」と持ちかけてホテルに行ったとしても、男女共に犯罪にはならない。

ただし、その相手が一八歳未満の児童だとすると、話は別である。

一九九九年に施行された「児童買春禁止法（児童買春、児童ポルノに係る行為等の処罰及び児童の保護等に関する法律）」は、売春防止法とは違い、児童買春をした者を処罰するための法律だ。しかもその刑罰は「五年以下の懲役又は三百万円以下の罰金」と、かなり重いものになっている。

さらにいえば、実際にお金を払って児童と性行為をしていなくても、それを企んだだけで刑事罰を受けることがある。インターネットの出会い系サイトで、援助交際などの相手を募集した場合がそうだ。児童買春の多くは出会い系サイトを利用して行われているため、二〇〇三年に施行された「出会い系サイト規制法（インターネット異性紹介事業を利用して児童を誘引する行為の規制等に関する法律）」によって、その誘引自体が罰せられることになったのである。懲役刑はないものの、違反すれば一〇〇万円以下の罰金に処せられるので、これも立派な刑事犯罪だ。

建前上、出会い系サイトは一八歳未満の児童が閲覧や書き込みをできないことになっているので、そこで児童買春の募集もできないということになるが、そうは見なされない。実際は児童がいくらでもアクセスできるので、そこに「児童を性交等の相手方となるよう誘引する」ような書き込みや、「対償を供与することを示して児童を異性交際の相手方となるように誘引する」ような書き込みをすれば、処罰対象になる。

たとえば最近、出会い系サイト規制法違反で逮捕された小学校教員は、「女子小学生と中学生のための援助交際掲示板」という名称のサイトに、「おこづかい欲しい11〜15の子いる?」などと書き込んでいた。その「おこづかい」を与えることで何を求めているかは書かれていないが、そこが「出会い系サイト」である以上、単なる「親切なおじさん」による慈善事業とは見なされない。児童買春や援助交際を意図したものとして、刑事責任を問われるのである。

## 一八歳未満との「恋愛」は御法度？

では「買春」や「援助交際」のような金銭を伴うものでなければ、児童との性行為が許されるかというと、そんなことはない。前に、強制わいせつ罪と強姦罪について定めた刑法の条文を紹介したが、それを見ると、相手が一三歳未満の場合は「暴行又は脅迫」を用いなくても犯罪になる。一三歳未満の者に「わいせつな行為」をすれば強制わいせつ罪になり、一三歳未満の女子を「姦淫」すれば、それだけで強姦罪が成立するわけだ。

一三歳以上なら暴行や脅迫がなければ刑法には触れないが、一八歳未満が相手だと、別の法令に引っかかる。各都道府県の青少年保護育成条例の中にある「淫行条例」だ。内容は自治体によって異なるが、一八歳未満の児童と性行為をした成年は婚約中またはこれに準ずる真剣な交際関係にある場合を除いて、それだけで条例違反となることが多い。金銭のやり取りがなく、お互いに合意の上での行為だったとしても、児童とのセックスは原則として許されないということだ。最高刑は、多くの自治体が懲役二年としている。それが、自治体の科せる刑罰の上限なのだ。ちなみに、児童買春禁止法が制定されるまでは、児童買春にもこの淫行条例が適用されていた。

一三歳未満（つまり小学生以下）の児童は刑法で保護されているので、淫行条例は基本的に中高生を保護するものだと考えていいだろう。しかし中学生や高校生になれば、大人と真剣な恋愛関係になることもある。保護者の許可があれば女性は一六歳、男性は一八歳で結婚もできるので、「とにかく一八歳未満とセックスしてはダメ」という淫行条例を「恋愛規制条例」などと呼んで批判する声も少なくはない。

しかしそういう条例がある以上、大人が一八歳未満の児童と恋愛をするのは難しいだろう。摘発された場合、それが単なる「淫行」ではなく、真面目な恋愛によるものだということを立証できれば許されるが、これは容易ではない。とくに告訴したのが児童の保護者だったりした場合は、「犯罪者」とされるのも避けられないのではないだろうか。

また、淫行の当事者がどちらも一八歳未満である場合も、罰則は適用されないものの、条例違反であることに変わりはない。刑事罰は受けないが、補導の対象にはなる。中学生や高校生のカップルも、「淫らな交際」は許されないのである。

## ケース3【著作権侵害】

## コピーライト表示がなくても著作権はある

出会い系サイトにかぎらず、インターネットの登場は犯罪のあり方を大きく変えたといえるだろう。見知らぬ者同士が集まって集団自殺や強盗事件を起こしたり、赤の他人に身内の殺害を依頼するなど、以前には考えられなかった事態が次々と起きている。

もちろん、誰もが自由にブログなどを通じて情報発信できるようになるなど、そのメリットも計り知れないぐらい大きい。しかしそのブログも、使い方を一歩間違えると、刑事や民事で訴えられるおそれがあるから、注意が必要だ。

たとえば公開の場所で他人を誹謗中傷すれば、名誉毀損罪や侮辱罪で訴えられることもある。実際、中学生や高校生のあいだではネット上のいじめが深刻化しているが、あれも未成年だから法的責任を問われないだけで、成人が同じことをやれば刑事事件として立件されることになるだろう。

ただ、名誉毀損罪や侮辱罪などに当たる言動は、本人にも「悪いことをしている」という自覚があるだろうから、知らないうちに罪を犯しているということはない。しかし、なかには無意識のうちにやったことが犯罪になってしまうケースもある。

それは、著作権の侵害だ。インターネット上の情報は簡単にコピーすることができるので、他人の文章を自分のブログにそのままコピペ（転載）している人も少なくないが、これは著作権法に違反している。「著作物」というと、商品として流通している「プロの作品」というイメージもあるが、誰でも無料で読めるネット上の文書なども、れっきとした著作物だ。それを無断で盗用すれば、オリジナルの著作者に民事や刑事で訴えられる可能性がある（親告罪なので第三者が盗用を指摘しただけでは罪にならない）。

ウェブサイトの中には、欄外に「コピーライト表示」を掲げているものも多いので、それがないページには著作権がないと思っている人もいるが、これは勘違いだ。「© TAICHIRO MOTOE, 2008 all rights reserved」といった表示があろうがなかろうが、人の著作物には著作権が認められる。

にもかかわらず、わざわざコピーライト表示をしているページがあるのは、著作権法の国際ルールに、それを必要としているものがあるからだ。このルールには「万国著作権条約」と「ベルヌ条約」の二種類があり、前者ではコピーライト表示のないものに著作権を認めていない。しかし現在は万国著作権条約の加盟国の大半がベルヌ条約のほうに入るようになっており、万国著作権条約だけの国はほとんどない。したがって、どこの国のサイトであれ、コピーライト表示は不要になっているのである。

## 「引用」が認められる四つの要件

もっとも、他人の文章をコピペ（転載）すれば必ず著作権侵害になるというわけではない。例外的に認められているものもある。

その一つが、「引用」だ。たとえば他人の文章をブログにコピペして、それについて自分の感想や意見を書いたりするのは、「盗用」には当たらない。

ただし引用にもルールがある。「引用の必然性がある」「主従性がある」「区別性がある」「出所の明示」という四つの要件をクリアしていなければ、正当な引用とは認められない。

引用の「必然性」は説明不要だと思うが、つまり、本文の内容とまったく関係のない他人の文章を載せても引用にならないということだ。「主従性」が必要というのは、本文と引用文が全体の中で同等に扱われていてはいけないということ。もちろん、引用文のほうが「主」ではいけない。本文が「主」で引用文が「従」の関係になっていることが必要だ。

「区別性」は「主従性」と似ているが、こちらは引用部分をカギカッコでくくったり、斜体文字にしたり、一段下げて掲載するなど、どこまでが本文でどこまでが引用文かを明確にするということ。「出所の明示」は、文字どおり引用元を明らかにするということだ。ネット上の新聞記事を引用するなら、リンク先が明示されていればいいだろう。ただしネット上の新聞記事は短期間で削除されてしまい、リンク先へ行っても表示されないことが多い。したがって、できるだけ何年何月何日の何新聞から引用したのかを書いておいたほうがいいと思う。

また、引用でもなく他人の著作物を使う場合、文章を少し書き換えたりしても「盗用」になる。まったく同じではなくても、元の文章をベースとしていて、実質的な同一性が認められる場合は、著作権侵害が成立するのだ。

「どうせ知り合いしか読んでいない」とタカをくくって盗用している人も多いだろうが、インターネットは全世界に開かれたメディアであることを忘れてはいけない。オリジナルの文章と盗用された文章は多くのキーワードを共有しているから、オリジナルの著作者が検索によってそこにたどり着くのもそう難しいことではないのだ。

本人に見つかれば、少なくとも警告メールぐらいは来る可能性が高い。メールで直接クレームがつけられるのも、インターネットの利点のひとつだ。それでも警告を無視して削除しなければ、訴えられることもある。民事で損害賠償を請求されるのはもちろん、刑事罰もある。ちなみに著作権法違反の最高刑は、懲役一〇年。実刑判決が出ることは少ないが、いまは判決をもっと重くするべきではないかということも議論されている。「ちょっとした出来心」で「前科者」にならないよう、気をつけてもらいたい。

## ケース4【賭博】

### 賭け事の負けも麻薬の代金も後で取り返すことはできない

日本人は、明文化されたルールよりも、「世間の空気」のようなものにしたがって行動することが多いといわれる。たとえば駅前に「駐輪禁止」の貼り紙があっても、みんながそれを無視して自転車を置いていれば、「自分もこれぐらいは許される」と判断したりするわけだ。それを人から咎められると「だってみんな置いているじゃないか」と当たり前の顔で反論するのだから、ルールなどあってないようなものである。

多くの人が、ルールの存在を知りながら「これぐらいは許されるだろう」と思っている犯罪の代表は、賭博罪だろう。ゴルフや麻雀など、金を賭けずにやっている人のほうがもしかしたら少ないかもしれない。一方で競馬や競輪など公認されているギャンブルもあるから、「誰に迷惑をかけるわけでもないのに何が悪い」という気持ちになるのもわからなくはないが、賭博罪は立派な刑法犯である。単純賭博罪は「五〇万円以下の罰金又は科料」程度で懲役刑はないが、常習賭博罪になると「三年以下の懲役」。めったに摘発されることはないが、たまに有名人が見せしめ的に賭けマージャンで捕まったりもするから、油断は禁物だ。

たとえ警察沙汰にならなくても、常習者には懲役も科せられるほどの犯罪なのだから、敵対する立場の人間に知られれば「弱味」を握られることにもなる。刑事告訴をちらつかせながら民事訴訟を有利に進めるのと同様、相手に「言うことを聞かないと賭博罪で警察に通報するぞ」などと脅されて、ビジネスの交渉が不利になったりすることも考えられるだろう。敵の多い人ほど、身辺をきれいにしておくべきだ。

ただ、賭博が「誰にも迷惑をかけていない」のはたしかなので、この行為で民事上の責任を問われることはない。負けて大金を巻き上げられた人は、「不法行為で払わされたのだから取り戻す権利があるはずだ」と思うかもしれないが、それは無理。というのも、民法に、「不法な原因のために給付をした者は、その給付したものの返還を請求することができない」という規定があるからだ。

これが「不法原因給付」と呼ばれるもので、売春婦に料金を支払ったのに、相手の女性がセックスを拒否して逃げたとしても、そもそもが「不法の原因のために給付」したお金なので、「返せ」とは言えない。先ほど「売春は処罰されない」と述べたが、法律で禁止されているのだから、不法行為であることに違いはないのだ。

それ以外にも、麻薬や覚醒剤の代金、愛人へのお手当など、「後ろ暗いお金」はどれも基本的に不法原因給付になると考えていいだろう。支払ってしまったら、後で返してもらうことはできない。

逆にいえば、売春や麻薬の代金は、そもそも法的には支払う義務がないということだ。だから、ああいう商売は「先払い」が原則になっている。体やクスリを与えた後で支払いを拒否されても、まさか警察に駆け込むわけにはいかない。

しかし賭けマージャンや賭けゴルフの場合、負け金を「先払い」することはあり得ないだろう。勝負がついてから支払うのだから、後で「返せ」と言うぐらいなら、最初から払わなければいいのだ。相手に民事で訴えられることは絶対にない。「それでは信用を失って仲間をなくしてしまう」というかもしれないが、そもそも賭博は犯罪だ。それ以上に「信用を失う行為」はないと考えるべきなのではないだろうか。

# 終章 法律を知らないと損をする時代

## 弁護士を小躍りさせる「過払い金バブル」

二年ほど前から、弁護士業界はちょっとした「バブル」に沸いている。これまで本文で何度か登場した「過払い金」をめぐる案件である。

きっかけは、二〇〇六年一月の最高裁判決だった。利息制限法を超える金利を取っていた消費者金融会社などに対して、借り手が払いすぎた利子（過払い金）を返すよう命じた判決だ。それまで消費者金融は「利息制限法（最高金利年一五〜二〇パーセント）を超えて、出資法（最高金利年二九・二パーセント）以下」の金利で金を貸してきたが、この「グレーゾーン金利」が最高裁によって「クロ」と判断されたのである。

この判決以降、大勢の多重債務者が弁護士事務所に駆け込み、過払い金を消費者金融などから取り戻してくれるよう依頼した。当然、そこでは弁護士への支払いが発生する。通常、弁護士が受け取る金額は、着手金と報酬金を合わせて、訴額の二〇〜三〇パーセント程度だ。たとえば依頼人が過払い金を一〇〇万円取り戻せば、そのうちの二〇万〜三〇万円は弁護士の取り分ということになる。

日本中の過払い金が総額でいくらになるのかは不明だが、消費者金融の大手五社が返還のために準備した引当金は、合計でおよそ二兆円。中小の業者を加えれば、その額はもっと大きくなるだろう。これがすべて債務者に返されれば、その依頼を受けた弁護士には報酬として四〇〇〇億〜六〇〇〇億円が入ることになる。一夜にして、弁護士にとっての「巨大市場」が出現したわけだ。これが「バブル」の正体である。

現在、日本には約二万五〇〇〇人の弁護士がいるが、大手法律事務所に勤めている渉外弁護士（主に企業法務を専門に扱う弁護士）や刑事裁判専門の弁護士などを除くと、この「過払い金マーケット」に手を出す弁護士は一万人から一万五〇〇〇人といったところだろう。つまり、過払い金の処理だけで、弁護士一人あたり三〇〇〇万円から六〇〇〇万円もの収入が見込める計算になるわけだ。

しかも、なにしろ最高裁判決という後ろ盾があるのだから、訴訟自体はおおむねそれほど難しいものではない。書類を揃えて手続きを滞りなく行えば、過払い金は簡単に戻ってくることも多い。極論になるが、いまの消費者金融会社は、暗証番号を入力しただけで現金が出てくるキャッシュ・ディスペンサーみたいなものだ（最近は過払い金の回収も難化しつつあるが）。正直な話、われわれ弁護士にとっては小躍りしたくなるような状況なのである。

最近、都市部の地下鉄で「債務整理はお任せください」などとうたった弁護士事務所・司法書士事務所の広告を目にすることが多くなったのも、この「過払い金バブル」で生まれたチャンスを逃すまいとする姿勢の表れだ。決して安くない車内広告に宣伝費をかけても、十分に元が取れるということである。

実際、債務整理を手がける大手法律事務所のなかには、笑いが止まらないほど儲かっているところも少なくない。もし、廃止された高額納税者番付が残っていたら、今年あたりは間違いなく上位にずらりと弁護士の名前が並んでいたことだろう。

## 弁護士大倒産時代がやって来る

しかし、浮かれてばかりはいられない。これはあくまでもバブルである。泡は、やがてはじけて消えていくのが宿命だ。

実際、この「過払い金バブル」は、二〇年ほど前のバブル経済と違って、最初から「期間限定」であることがわかっている。グレーゾーン金利が、二〇〇九年の末に撤廃されることが決まっているからだ。その後はあらゆる金融機関が利息制限法の範囲内でしか融資をしなくなるから、もう過払い金が発生しない。それまでに発生した過払い金も一〇年で時効となり、それ以降は請求できなくなるケースも増えるのである。

いまは過払い金のおかげで潤っている弁護士事務所も、先々の経営を考えれば、あと二年もしないうちに間違いなく縮小していくマーケットをアテにしてはいられない。そのためいまは多くの弁護士たちが、新たなビジネスモデルを確立すべく、危機感を抱きながら試行錯誤を重ねている状態だ。

一過性のバブルが終わっても、それ以前の状態に戻るだけなのだから、べつに慌てることはないと思う人もいるだろう。弁護士は、資格さえ持っていれば食べていける安定した職業だと思われているからだ。

だが、そんな時代はとっくに終わっている。この「過払い金バブル」が過ぎ去った後に弁護士を待ち受けているのは、それ以前と同じ「安定した世界」ではない。それというのも、二〇〇六年にこの業界で始まったのは「過払い金バブル」だけではないからだ。それと同じ年に、法曹界では大きな改革がスタートした。新司法試験の導入である。

旧司法試験の合格者数は、一九六〇年代から八〇年代まで、毎年五〇〇人前後だった。九〇年代に入ってからは増え始め、一九九九年には一〇〇〇人に達している。

一方、新司法試験の合格者数は、第一回の二〇〇六年こそ一〇〇九人だったものの、二〇〇七年は一八五一人にまで増加。さらに、司法試験委員会では、二〇〇八年は二一〇〇〜二五〇〇人、二〇〇九年は二五〇〇〜二九〇〇人、二〇一〇年以降は二九〇〇〜三〇〇〇人を合格者数の目安とすることを発表している。

司法試験合格者のうち、検察官と裁判官になる者は二〇〇名程度にすぎない。残りは弁護士になるわけだから、合格者が三〇〇〇人だとすれば毎年二八〇〇人前後の新人弁護士が誕生することになる。現在の弁護士数の一割以上に相当する人数だ。つまり、これから一〇年も経たないうちに弁護士人口が二倍になると予想されるのである。最近になって司法試験合格者数の見直し論議が出てきているが、基本的な流れは変わらない。

短期間のうちに競争相手が倍増するのだから、われわれ弁護士が危機感を抱くのも当然だろう。弁護士が増えるのとは逆に、これから日本の総人口は減っていく。ということは、人間の起こす法的な争いごとも基本的には増えないと考えていい。限られたパイを、急増する弁護士たちが奪い合うようになるわけだ。

したがって、新司法試験の合格者数が予定どおりに増えていけば、やがて「弁護士大倒産時代」が訪れると私は見ている。そもそも現時点でさえ、弁護士事務所の経営は決して楽なものではない。大手の法律事務所のようにきらびやかなオフィスビルで優雅に仕事をしている弁護士はほんの一握りで、大半は家賃の安い雑居ビルに事務所を構え、人件費もなるべくかけないようにしながら軽武装で仕事をしている。事務所にスタッフがいないため事務所宛の電話を携帯に転送させて受ける「モバイル弁護士」も現れたと聞く。

それでも、いまのところは過払い金バブルのお陰で、さほど苦労せずにそこそこの収入を得ることができる。しかし、このバブルを前提にした事務所経営をしていたら、二年後に訪れる氷河期を乗り切ることはできないだろう。

おそらく、そのときには業界再編のようなことが起こるに違いない。背に腹はかえられなくなって、法律家として守るべき一線を越えてしまい、残念ながら暴力団や企業などの組織的な脱法行為に加担して「悪の商品開発」に手を染める不届きな弁護士も増えるかもしれない。

## 救急車を追跡して委任状を取る米国の弁護士

もちろん、法律事務所が倒産したり、一線を越えた弁護士が逮捕されたりするだけなら、一般の人々には直接は関係がない。われわれ弁護士だけの問題である。

しかし弁護士の仕事というのは、一般社会で暮らしている依頼人があって初めて成り立つものだ。したがって、その仕事をめぐる環境が激変すれば、世間の人々もそれと無縁ではいられない。言葉は悪いが、多くの人がそこに巻き込まれることになる。

先ほど、弁護士が奪い合うパイは限られていると述べたが、競争が激しくなれば、当然そのパイを増やそうとする動きも出てくるだろう。仕事を得るために、いままでなら裁判沙汰にならなかったような問題でも、積極的に取り扱おうとする弁護士が増えるに違いない。弁護士が増えれば増えるほど、法的な争いごとに関わる一般人も増える可能性が高いということだ。

たとえば米国には、八〇万人から九〇万人もの弁護士がいるといわれている。総人口は日本の二倍程度なのに、弁護士は三〇倍から四〇倍ぐらい存在しているわけだ。あの国が「訴訟社会」と呼ばれるのは、この弁護士人口の多さと無縁ではない。それだけの人数の弁護士が食べていくためには、膨大な件数の訴訟が必要なのである。

そして、弁護士を必要とする案件は向こうからはやって来ない。日本の弁護士は事務所で依頼人からの連絡を待っていることがまだ一般的だが、米国の弁護士は違う。自ら案件を探し歩かなければ、競争に勝つことができない。

その典型が、「アンビュランス・チェイサー（救急車の追跡者）」と呼ばれる弁護士だ。

交通事故や爆発事故などが起きると、まるで救急車を追いかけてきたかのようなタイミングで被害者の搬送された病院に現れ、損害賠償請求訴訟の代理人になるべく、その場で本人や家族から委任状を取り付けるのである。

日本の弁護士も、いずれ依頼人を待っているだけでは商売が成り立たない状況になるだろう。自らトラブルや争いごとを見つけ出して、必要に応じて当事者に訴訟を起こすよう勧めたりするわけだ。

たとえば離婚など、いまはまだ当事者同士の話し合いで決着がつくケースのほうが多いが、そのうち双方に必ず弁護士がつく時代になるだろう。一方が「タダで別れるなんてもったいないですよ」と弁護士にアドバイスされ、高額の慰謝料を請求すれば、相手も弁護士を立てて応戦せざるを得ない。

結果的に大した金額は動かず、当事者にとっては「骨折り損のくたびれ儲け」のような解決になることもなかにはあるだろう。しかしその場合でも、弁護士は少なくとも着手金だけは稼ぐことができる。図らずも請求した慰謝料や賠償金を取ることに失敗しても、着手金は最初の請求額に応じて発生するのだ。弁護士も汗をかいた分くらいは報酬として頂くのは当然だろう。

正式に決まっているわけではないが、一般的には、請求額が三〇〇万円以下ならその八パーセント、三〇〇万円超〜三〇〇〇万円以下なら五パーセント、三〇〇〇万円超なら三パーセント、三億円超なら二パーセントというのが着手金の目安になっている。結果はどうであれ、依頼人はその金額を弁護士に支払わなければいけない。弁護士が取り扱う案件が増えれば、それだけ国民全体の金銭的な負担も増えるのである。

## 弁護士も相見積を取って選ぶように

そうなると、依頼人側も「すべて弁護士さんにお任せ」というわけにはいかない。報酬の金額は弁護士によって異なることも多いから、どの程度の額が妥当なのかを自分で判断する必要がある。依頼人を獲得するために着手金の「価格競争」を仕掛ける弁護士も出てくるだろうが、その場合は「安かろう悪かろう」で、力量面での不安が生じるかもしれない。

いずれにしろ、医者の診断と同じように弁護士にも「セカンド・オピニオン」を求めたり、複数の事務所で相見積を取ったりするのが当たり前の時代になるはずだ。引っ越し業者を選ぶように、弁護士も報酬・事件処理方針・経歴・実績などを比較検討して選ぶようになるのである。

ちなみに、私が二〇〇五年からインターネット上で運営している「弁護士ドットコム」も、そんな時代の到来を見越して始めたサービスだ。

一般の人々にとって、弁護士というのは馴染みの薄い存在だろう。いざトラブルに巻き込まれて専門家に相談したいと思っても、その分野を得意としている弁護士がどこにいるのかを探すのは難しいし、報酬も明確ではない。

そこで、日本各地から登録した弁護士を検索できるようにしたのが「弁護士ドットコム」である。サイト内に用意されたフォームから、利用者が「交通事故」「労働問題」「遺産相続」「医療過誤」「刑事弁護」といった相談内容を選んで送信すると、複数の弁護士から問題の処理方針、金額の見積り、本人の経歴などが送られてくる仕組みになっている。利用者は、その中から気に入った弁護士を選んで、面会した上で正式に仕事を依頼するわけだ。弁護士を有償で斡旋することは法律で禁じられているので、このサイトでは基本的に収入を得ていないが、顧客獲得のチャンスを広げるという意味で、われわれにとってのメリットも少なくない。

もっとも、これは見方によっては従来の弁護士イメージを覆すようなやり方にも見えるので、「弁護士ドットコム」のような運営方法に違和感を抱く弁護士もいるとは思う。弁護士といえば、これまでは世間からリスペクトされる職業だった。一般の人たちが知らない専門知識を持ち、指導的な役割を果たすという点では、学校の教師や医者と同じように聖職者として一段高いところから物を言える立場である。弁護士が「先生」と呼ばれることが多いのも、そのためだろう。弁護士としては今後も引き続きリスペクトされる職業でありつづけるよう不断の努力が必要だろう。実際、助言者としては、多少なりとも上から物を言える部分がないと仕事がやりづらいという面がないわけでもないからだ。

だからこそ、利用者側に主導権を握られ、見積りを比較検討されるというスタイルに違和感を覚える「先生」も少なからずいるわけだ。はっきり言えば、私自身も「こんなはずではなかった」と思っている。苦労して司法試験に合格し、やっと弁護士バッジを胸に肩で風を切って歩けるようになると思った矢先に、司法改革によって弁護士が大量生産されることになったのだ。「そんなの聞いてないよ」というのが、偽らざる心境である。

しかし、現実は現実として受け止めなければいけない。もはや、弁護士はそんなに特別な職業ではないのだ。そもそもが「サービス業」なのだから、これまで必要以上に偉そうに振る舞えたこと自体がおかしいともいえるだろう。いままではそれで通用したかもしれないが、今後はもう、その地位にあぐらをかいてはいられない。国民の弁護士に対する信頼を維持・向上させるためにいままで以上に努力を重ねなければならない。今回の司法改革は、弁護士という職業のあり方そのものを大きく変化させる改革だといえるだろう。

## 来るべき「訴訟社会」を生き抜くために

そして、変わらなければいけないのは弁護士だけではない。その「依頼人予備軍」である一般の人々も、法律というものに対する意識を変える必要がある。「自分だけは裁判沙汰とは無縁だ」と思える古き良き時代は終わった。自分にそのつもりがなくても、いつ誰から訴えられるかわからない時代は、すぐそこまで来ている。誰もが、法律の世界を他人事のように考えてはいられない世の中になるのだ。

たとえば弁護士を選ぶにしても、依頼人の側がそれなりに知識を持っていなければ、何を基準にすべきか判断するのは難しいだろう。それ以前に、基本的な知識がなければ、自分が何か被害を受けたときに「訴訟」をはじめとする法的手段があることにさえ気づかないかもしれない。法律を知らないと、思わぬところで損をするわけだ。

二〇〇六年以降の「過払い金バブル」は、そういう意識の変化をもたらすきっかけにもなったように思う。というのも、私が見ているかぎり、この案件で弁護士のところに相談に来る依頼人は、やけにその分野の法律などに詳しい人も少なくない。少しでも多くの過払い金を取り戻したいのはもっともだ。インターネットでいろいろと下調べをしているので、こちらが説明しなくてもたいがいのことは知っている人も多い。細かい判例まで調べて、「自分の場合はここまで取り戻せるはずですよね」などと言ってくる依頼人も少なくない。

そこまで相手に知識があると、こちらとしても大変だ。その分野での専門性・実績を示さないと他の弁護士事務所に依頼が移ってしまう可能性もある。すでに、「弁護士が選ばれる時代」は始まっているわけだ。「詳しい依頼人」にも信用される弁護士でなければ、プロとして生き残ることはできない。

われわれ弁護士にとっては厳しい環境だが、そういうプレッシャーがなければ、日本の弁護士全体のレベルも向上しないだろう。自分が「旧試験組」だから言うわけではないが、新司法試験のハードルは旧来よりもかなり低く設定されている。それを、利用者が従来の弁護士と同じように「お任せ」で使っていると、この世界のサービスは徐々に劣化していくのではないだろうか。それでは、本来なら法律によって救われるはずの人々さえ救われない社会になってしまう。

その意味でも、これからは一般の人々が広く法的な知識を身につけ、その世界を身近に感じられるようにすべきだろう。本書では、主に「法的責任」とは何かということを中心に、裁判や法律問題をめぐる基本的な問題について解説してきた。来るべき「訴訟社会」を生き抜くためのヒントを、少しでも伝えることができたのであれば幸いである。

# おわりに　自分が追及できる「法的責任」に敏感になる

以上、本書では前半で「刑事・民事・行政」という三つの法的責任について概略を説明し、後半では身近で起こり得る犯罪や紛争の具体例を取り上げながら、その法的責任がどのように運用されるのかということを見てきた。

三つの法的責任のうち、一般の民間人が他人に対して追及できるのは、「民事責任」だけである。自分の受けた被害や損害をカバーしようと思ったら、その加害者や責任者を民事で訴えるしかないわけだ。もちろん犯罪者を刑事告訴することはできるが、裁判で刑事責任を追及するのは国家の役割であり、民間人は刑罰を与えることができない。また、裁判所が犯罪者に懲役や罰金などの刑罰を科しても、被害者の受けたダメージが埋め合わされるわけではないだろう。殺人犯が死刑になれば、多少は遺族の報復感情が満たされるかもしれないが、それで死者が生き返るわけではない。もちろん、損害賠償金を勝ち取っても死者が生き返ることはないが、少なくとも金銭的な面では、被害を埋め合わせることができるのだ。

しかし、一般市民の権利を直接的に守るには民事が重要だとはいえ、刑事上の責任や行政上の責任について何も知らなくていいということにはならない。ここまでに何度も述べてきたとおり、民事訴訟を有利に進めるには、刑事告訴の可能性をにおわせて相手を揺さぶるといった戦術も時には必要になってくる。

行政上の責任も同様だ。たとえば第四章で取り上げた労働事件については、労働基準監督署をからめることで、会社を動揺させられるケースが多い。「ローキ」に通報されるぐらいなら被害者の言うことを聞いたほうがマシだ、と思わせることができれば、民事のほうが圧倒的に有利になる。

しかし、どういう案件でどんな法的責任が生じるのかを知らなければ、そういう「武器」を使うこともできないだろう。だからこそ本書では、三つの「法的責任」という切り口で、法律の世界を紹介してきた。これから訪れるであろう訴訟社会で損をせずに暮らしていくためには、自分が持っている民事上の権利だけでなく、刑事上の責任や行政上の責任にも敏感にならなければいけない。もちろん、自分が訴えられる側に回ったときも同じである。三つの法的責任について広く知っていないと、民事訴訟で下手に突っ張った結果、避けられたはずの刑事罰を受けることにもなりかねない。

本文でも述べたとおり、世の中には数え切れないぐらいの法律が存在する。したがって、本書で説明してきた法的責任も、そのごく一部にすぎない。しかし、三つの法的責任に関する基礎知識を身につけた読者諸氏なら、おそらくどのようなトラブルに巻き込まれても、それに関わる法律が当事者に求める「責任」に対して敏感になれるだろう。訴訟社会で求められるのは、そういう「法的センス」だ。今後は、本書で身につけた「センサー」をいろいろなところに注意深く向けながら、「法律で損をしない生活」を送っていただきたいと思う。

## 著者略歴

### 元榮太一郎《もとえたいちろう》

法律事務所オーセンス・パートナー弁護士、
弁護士ドットコム・代表。
一九七五年、アメリカ・イリノイ州シカゴ生まれ。
慶應義塾大学法学部法律学科卒。
二〇〇一年弁護士登録。
同年アンダーソン・毛利法律事務所
（現アンダーソン・毛利・友常法律事務所）入所、
M&Aや金融などの最先端の企業法務に従事。
〇五年独立開業し、〇六年法律事務所オーセンスを設立。
共著書・監修書に『会社の法律がなんでもわかる本』
『押さえどころ　ネット商売をやる人の法律知識』
などがある。

幻冬舎新書 086

# 刑事と民事

こっそり知りたい裁判・法律の超基礎知識

二〇〇八年五月三十日 第一刷発行

著者 元榮太一郎

発行者 見城 徹
発行所 株式会社 幻冬舎
〒一五一-〇〇五一 東京都渋谷区千駄ヶ谷四-九-七
電話 〇三-五四一一-六二一一(編集)
〇三-五四一一-六二二二(営業)
振替 〇〇一二〇-八-七六七六四三
ブックデザイン 鈴木成一デザイン室
印刷・製本所 図書印刷株式会社



Printed in Japan ISBN978-4-344-98085-3 C0295
も-2-1

幻冬舎ホームページアドレス http://www.gentosha.co.jp/
*この本に関するご意見・ご感想をメールでお寄せいただく場合は、comment@gentosha.co.jp まで。